まんがで知る授業の法則

向山洋一・前田康裕［著］

知的な教室づくりに
全国津々浦々で奮闘してる
すべての教師に贈る。

学芸みらい社
GAKUGEI MIRAISHA

まえがき

『授業の腕をあげる法則』は一九八五年に初版が出されました。

それから三十年以上にわたって教育界のベストセラーかつロングセラーであり続けています。

昨年（二〇一五年）、情報をアップデートして解説等を書き加えた新版を学芸みらい社から出しました。こちらも多くの読者から好評をいただいています。

書かれていることが具体的だからでしょう。

A　授業の腕をあげるためには、まず何をしたらいいのか。
B　次に何をするのか。
C　それらをどれくらいやればいいのか。
D　その結果、どの程度の技量が身につけられるのか。

先生方のこうした疑問に明確に答えることができる本だからです。

この本の内容をピックアップして、前田康裕氏がマンガで表現してくれたものが十年ほど前に出版されました。

文章で読むことも大切ですが、マンガの方がイメージを直感的につかみやすい場合もあります。マンガ版もまた人気を呼び、ベストセラーとなりました。

本書はその改訂復刻版です。

授業にとって核心となる内容がマンガ形式で分かりやすく網羅されています。

『授業の腕をあげる法則』を出版した前年の一九八四年。私は「教育技術の法則化運動」を立ち上げました。

一年間で全国トップレベルの研究団体になりました。

当初の予定通り二〇〇〇年に解散し、現在はＴＯＳＳ（Teacher's Organization of Skill Sharing）へと活動のウイングを広げています。

『授業の腕をあげる法則』をシステム化したＴＯＳＳ授業技量検定には、これまでにのべ五〇〇〇人以上の人が受検しました。多くの先生が毎年毎年挑戦し続けています。

この検定を始めた時には最下級の35級だった教師たちの中から、初段を突破し、さらに五段以上の高段者となって審査を担当するほどになった人が何人も誕生しています。

本人の絶えざる挑戦意欲があったことはもちろんですが、「努力の目安」がはっきりと示されていることが上達を早めているのです。

今年（二〇一六年）、ＴＯＳＳは「つくば教員研修センター」の委託事業を受けて「若手教員研修プログラム」の全体構造を設計し、三〇種類のビジュアルな研修テキストを開発しました。「黄金の三日間でクラスをつくる」「授業の基本的技量の身につけ方」など、明日からすぐに役立つ内容です。

また文科省の「総合的な教師力向上のための調査研究事業」の委託も受け、教師の授業スキルを評価するための指標の開発にも着手しました。こちらも「意図が明確で分かりやすい発問」「明確で端的な作業指示」など、本書で私が挙げている項目につながるものです。

現在、各地のセミナー等を通してこれらのテキストや指標の効果を検証しているところです。

私が三〇年前から提唱してきた内容と方法が、ようやく国の教員研修の中心に取り上げられるようになりました。

本書をお読みいただき、子ども達が熱中する授業を実現されることを願っています。

二〇一六年九月一六日　向山洋一

向山洋一・前田康裕著

「まんがで知る授業の法則」

目次

まえがき＝向山洋一

第1部 まんがで知る「授業づくりの法則」

1章 まんがで知る「授業の腕を上げる原則」

1 趣意説明の原則……10
2 一時一事の原則……11
3 簡明の原則……12
4 全員の原則……13
5 所時物の原則……14
6 細分化の原則……15
7 空白禁止の原則……16
8 確認の原則……17
9 個別評定の原則……18
10 激励の原則……19

2章 まんがで知る「授業研究の方法」

1 学校における研究を重視する……20
2 指導案・研究報告は対策主義で……21
3 原点にこだわる……22
4 授業を通す……23
5 研究の仲間をつくる……24
6 やることを限定する……25
7 自分の考えを示す……26
8 嘘をつかない……27
9 楽しくやる……28
10 志を立てる……29

3章 プロ教師が拓いた教育技術の世界

1 学芸会は全員出演……30
2 学芸会での演出……31
3 子どもの力を引き出す……32
4 技術があるから分析できる……33
5 名人は技術を大切にする……34
6 見る目があるから理解する……35
7 子どもが熱中する授業……36
8 研究授業を拒否する教師……37
9 力ある教師は授業を解説する……38
10 技術が身につく訓練……39
11 技術の引き出しを持とう……40
12 技術とは絶えず検討・修正……41
13 一つのやり方が万能ではない……42
14 読まれ・使われる紀要……43
15 発問指示なきは実践記録か……44
16 技術は現場から生まれる……45
17 技術は願望の具体的表現……46
18 子どもの変化が生まれたら……47

4章 まんがで知る「授業上達論―黒帯六条件」

1 理科教育の方法はいくつある?……48
2 子どもが変化する言葉とは……49
3 自分との違いに打ちひしがれる……50
4 もっと、うまい方法がある……51
5 困難な道を選ぶ人……52
6 校内で授業を見せ合う……53
7 キーワードは「楽しい」……54
8 1分見て60分解説……55
9 きっぱりと言い切る!……56
10 「100」は黄金の経験則……57
11 月謝を払うから身につく……58
12 タダの研究会は沢山あるが……59
13 敵の強いところで闘わない……60

5章 まんがで知る「授業の原則（技能編）八ヵ条」

1 教育は菊より大根……61
2 訴えを聞き分ける仕事……62

3 子ども理解とは？……63
4 子どもから意見が出ない時……64
5 子どもの中に入ると……65
6 秒単位の時間を意識しよう……66
7 技量は向上か後退かのどちらか……67
8 子どもから学べる教師……68

第2部 まんがで知る「学級づくりの法則」

6章 まんがで知る「学級を組織する方法」

1 4月・学級開きですること……69
2 学級を組織化するには……70
3 クラスの仕組みをつくる……71
4 学級を組織する原則……72
5 学級の組織図をつくる……73
6 活動をつかみ評価する……74
7 やることを「見ている」……75
8 偶発の問題への対処法……76
9 子どもに活動をさせる時……77
10 楽しい活動をやらせよう……78
11 教育研究の「夢」……79
12 夢を描き策を立て行動を……80
13 実践集団をつくろう……81
14 研究文化の〝ハレとケ〟……82
15 規則で縛ってよいか……83
16 ロマンが人を惹きつける……84
17 教師のイメージが子どもを規定……85
18 夢は最後の場面を描くこと……86
19 リーダーは生まれるもの！……87
20 教育界のスターの条件……88
21 学級の演出のために夢を描こう……89

7章 プロ教師の学級経営はここが違う

1 学級を組織するとは……90
2 三日間で学級を組織する……91
3 目標の仕組み……92
4 責任権限保証……93

5 統率とは責任感……94
6 目標達成の仕組み……95
7 子ども集団を動かすには……96
8 最下位の子を大切にする！……97
9 危ない！静かすぎる学級……98
10 日々、教育哲学の修正を……99

8章 まんがで知る「いじめの構造を破壊せよ」

1 残酷ないじめが発生する学級……100
2 いじめた子の行動を聞く場面……101
3 「グループ分け」の基準とは……102
4 小さないたずらの叱り方……103
5 跳び箱を跳べないの危機……104
6 「差別」は目を盗んで……105
7 隣と机を離す子を見逃すな……106
8 いい逃れを詰めていく……107
9 差別と闘うと大変革が！……108
10 選択を迫る場面づくり……109
11 反抗期こそビッグチャンス……110
12 娘がいじめに—母親の訴え……111
13 いじめの実態を把握する……112
14 なんと、先生も共犯！……113
15 特に原因はない？……114
16 解決できない教師とは……115
17 新担任の新方針とは……116
18 「いじめ」の責任は教師だ……117
19 中学のいじめの特徴……118
20 学校だけで解決できない時も……119
21 相手を認めつつあいまいにしない……120
22 問題点指摘で思考停止……121
23 4月初めに教師が語ること……122
24 「いじめ」なくすシステムづくり……123

第3部 まんがで知る「教師力アップの法則」

9章 まんがで知る「新卒教師の5ヵ条」

1 あいさつは自分から……124
2 自分から教えてもらう……125

3　身銭を切れ……126
4　10％多く努力せよ……127
5　研究授業は進んでやれ……128

10章　プロ教師の条件—願いの強さと実行する力

1　我流を排し基本を学ぶ……129
2　目安は研究授業の回数……130
3　出発は「まね」から……131
4　「師」を持とう……132
5　定石・原則を学ぶことから……133
6　教師の実力の正体……134
7　実行する力……135
8　すぐれた教師の正体……136
9　技術は思いを内包する……137
10　プロの3条件……138
11　少しの違いに見えるが……139
12　成功する人の条件……140
13　アマには見えない技術……141
14　法則化のコツ……142
15　ついている人……143
16　よくなるコツ・悪くなるコツ……144
17　教師の技量には差がある……145
18　初段の腕の基準……146
19　初段の腕の基準の追補……147
20　教師の授業中の行為……148

11章　プロ教師ならではの心得

1　学年漢字コンクール……149
2　子ども同士の採点は……150
3　学習システムづくりが第一歩……151
4　教える内容を一言でいう……152
5　言葉を削ると不思議に……153
6　発問と指示は明確に……154
7　親が授業参観に来るのは……155
8　向山の参観授業のネタ……156
9　ほめると欠陥も直せる……157
10　得意なことをやる！……158
11　良いことはまねる……159
12　トナリのクラスと落差……160
13　サボる子自戒の〝語り〟……161
14　けんか両成敗……162
15　呼び捨てにするウラ……163
16　全員と会話をしよう……164
17　成功体験を子どもに……165

12章 プロ教師なら「これはしない16ヵ条」

1 毎時、授業の開始の「礼」……166
2 一つの内容に45秒以上しゃべる……167
3 1時間45分を守れない……168
4 列が出来ても個別指導をする……169
5 ほめ言葉は「がんばれ」だけ？……170
6 シャープペンを使わせて平気？……171
7 自作プリントを使わせる……172
8 黒板にベタベタ貼る……173
9 算数を問題解決でする……174
10 教科書を使わない……175
11 教科書より自作プリント……176
12 写しちゃダメという……177
13 よく出来ましたオンリー……178
14 こんな赤ペンを入れる……179
15 ミニ定規を使わせない……180
16 最初から「グイ」と引き込むワザ……181
17 児童発表と同時進行で作業ワザ……182
18 その場1分で礼状を書くワザ……183

あとがき＝前田康裕

1 趣意説明の原則

★指示は全体像を示し、
個別のことを説明する

新卒教師の春野やよいです。
よろしく
そしておれたちが子どもだ
わははは

ゴミをひろいなさい
法則化小学校
よしよし
せっせ
せっせ
せっせ
非知性的な教育だね……
「何のためにそれをやるのか」という趣意を言わなくちゃ！
趣意
たとえば教室をきれいにします
ゴミをひろいなさいといった指示だ
もっといいのは「趣意」だけ示して「任務」は相手にまかせるやり方
たとえばこんな指示だ
教室を見まわしてごらん　もう少しきれいにしたいね　自分がこうしたいと思うことをやってごらん　時間は五分間です
わたし窓ふき
ぼくぞうきん
おれはほーきだ
第一条
趣意説明の原則
「指示の意味を説明せよ」
「指示の意味」か……
よし！
教室をきれいにしましょう
自分でやりたいことをやってごらん
自分でやりたいことをやるんだって……
えーっ!!
何やってもいいの？
ファミコンやろうぜ
「ドラクエⅣ」!!
先生！
ぼくたちファミコンやります
……
わははは

2 一時一事の原則

★具体的でない指示は混乱を招く！

先生の言うことをよく聞いて下さい

ノートに漢字の練習をしてね
終わったら先生の机に出して本を読んでいるのよ　その前に机の中をきちんと整理しなさい
わかった？

そんないっぺんに言われても
わかりません
同じ時に二つも三つも指示を与えたらわからないよ
第二条
一時一事の原則
「一時に一事を指示せよ」
そうか……
自分の机の中をきちんと整理しなさい
さっ
さっ　さっ
ノートに漢字の練習をしなさい
やった♥
まいったね　こりゃ
わははは

3 簡明の原則

★簡潔な話こそ子どもをかしこくする

とび箱で大切なことはジャンプするタイミングです
1
2
3
4

がんばって高くとぶのよ
ふみきり板を思いきってけるのも大切よ
……
私のどこがいけないの?
授業の腕をあげる法則
向山洋一著
ああーっこれだ!!
第三条　簡明の原則
「指示・発問は短く限定して述べよ」
一人が三回とんだら先生の所に集まります
わかる　わかる
それでは三回とんできます

4 全員の原則

★「全員に伝える」ことは 簡単ではない

5 所時物の原則

★教材研究とは 物を用意することである

6 細分化の原則

★助走の指導でも細分化できる

今日は とびばこの……
10段とび――
ドドッ
それじゃだめだよ 指導内容を 細分化して みなくちゃ
「助走」「とぶ」「着地」ですね
とぶ
着地
助走
さらに「目線」「ふみきり」などにわけられる
第六条 細分化の原則 「指導内容を細分化せよ」
先生がお手本を見せてあげる
やっぱ女の先生は ええですな―
やよい先生 ふみきりが どたんと いってたよ
えっー 本当？
そんなはずは…
うーん うーん
わははは

7 空白禁止の原則

★騒がしくなる原因をとり除く

授業中の個別指導
わい
わい
がや
がや
おわったら何するの？
さあ……
ここはこうやってね
うるさい
第七条
空白禁止の原則
「たとえ一人の子どもでも空白な時間を作るな」
教科書16ページの練習問題をやります
まず
全体に大きな課題を
一つできたら先生に見せにいらっしゃい
個別指導は
短く　何回も
終わったらこのプリントの問題をやります
板書しておくとよい
終わった後の
発展課題を用意する
こうすればどならずにすむよ
そうですね……
やよい先生さっきこんな顔してましたよ
はずかしい……
写真とるなっつーの!!

8 確認の原則

★すぐれた教師は 片々の技術を持っている

飛
「飛」の字の筆順わかりましたね？
はーい
わからないけど
上のように「わかりましたね」と聞いてはならない
ゴルゴ向山とよんでくれ
で向山洋一劇画バージョン
たとえば
「飛」の字を「空書き」しなさい
いち にい さん
全体の動きとずれている動きをする子が覚えていない
第八条＝確認の原則「指導の途中で何度か達成率を確認せよ」
達成率の確認には片々の技術が必要だ
……
それでは「空書き」をしなさい
いち にい さん
今回はおとなしいわねえ…
ぼく、いい子です
完全にびびっている

9 個別評定の原則

★個別評定こそプロの技術

卒業式の呼びかけの練習
春三月
私たちは巣だちます
ボン
ボン
…………
ああだめだ…
どうやって指導すればいいの!?
でなんなんだ　この絵は!!
そんなときは
第九条＝個別評定の原則「誰が良くて誰が悪いのかを評定せよ。」
自分のセリフの番号を言われた人は起立しなさい
二番、七番、九番…声が聞きとれませんもっと大きく言いなさい
三番、五番……セリフに切れ目がありません。ひとこと、ひとこと区切るように言いなさい
よーしこれでばっちり
やよい先生ぼくのセリフ何番でしたっけ?

10 激励の原則

★医者が患者を励ますように教師も励まし続けて…

写生の指導

へたねえ もっと 上手に かけないの
色もにごっているし…ダメだなあ
そんな 指導こそ ダメだ
第十条＝激励の原則「常に励まし続けよ」
欠点を克服する 方法を示し 励まし続けよう
わあっ 木の葉の色が すごく きれい
たてものの色も 工夫してごらん もっとよくなるよ がんばろうね！
やよい先生 恋人 いるんですか？
いちばん 気にしている ことを…
グサッ
先生 おちこんじゃ だめだよ
男は 世の中 あまって いるよ
先生 まあまあ 美人だし
元気 出して!!
ぼくが 結婚して あげようか

やよい先生　子どもたちから激励される　の図

1 学校における研究を重視する

★どれだけ小さいことでも本物の研究を

今回から「向山流・授業研究の方法」に入ります
やよい先生の続投ですよろしく!

向山先生!　うちの学校の研究は「安全教育」でしたよね!
そうだよ
法則化小
わたしの専門は「社会」だから学校の研究は手をぬいてもいいですよね
おいおい
むかし私の学校では「視聴覚教育」の研究をやっててね　私は次のようにとりくんだんだ
①まず、雑誌のバックナンバーを調べ、「視聴覚教育」「資料活用」にかかわる特集をすべてとり出し読む。
読まなくても毎月買っといてよかった
若き日の向山洋一→
②雑誌論文にある「引用文献」を購入して読む。
「引用」って大切だよね
③各学校の「研究紀要」の中で関係する冊子を集め読む。
むむっ
④一冊のノートに、これまでの勉強を整理してまとめる。
自分の主張も出すぞ
⑤それを一冊の冊子にまとめ「研究授業」の時に資料として提案する。
私からの提案です
提案資料
「視聴覚教育の一試論」
向山洋一
……
学校の研究を重視してとりくむことによって時間を節約でき、みんなと共通のことを話すことができ、さまざまなヒントを得ることができ
教育雑誌4月号しか買っていないんですけど……

2 指導案・研究報告は対策主義で

★時間の記録だけでなく、準備から結果までのすべての記録を残そう

もうすぐ私の研究授業……
はじめてなのよね不安だなあ………
よしちょっと練習しておこう
私がこう言うからきみがこう言ってそれからこうなってああなって………
ばっかも〜ん
研究授業で力を入れることはこんなことだ
○徹底した教材研究
○徹底した先行研究
○一単元全部の記録
など
そうか…
私は二センチもの厚さの提案物を作っていったんだ
……
よーし私もがんばるぞ!!
メラメラ
必勝
はじめての研究授業にたちむかうやよい先生の運命やいかに!?
つづく

3 原点にこだわる

★具体的事実をとりあげ、研究を続ければ、誰でも本を出すことができる

向山先生 私の 研究授業のための 資料ができました
どれどれ
なんだ!? 「引用」が 明記されて ないじゃ ないか
これじゃ 「盗作」だ!
またか…
他人から 学ぶことは いいこと だけど 学んだことは 明示すべきだよ
いつも こんな 役ばっかり
「研究」とは 「新しい何か」を 「付与」する ことだ
そのためには 小さく限定して 原点にこだわることだ
「跳び箱が跳べないのはなぜか」 という原点へのこだわりは 「腕を支点として体重移動が できないからだ」という 原因を 発見 させた。
原因を発見することによって 「向山式跳び箱指導法」の 開発が行われたんだ。
やりなおしだあ… 研究授業まであと3日!!
ボーゼン
やよい先生 今が一番 つらい時だ がんばれ!!

4 授業を通す

★授業の名人には誰でもなれる
—それはたった１つの条件をクリアすればよい

研究授業はつらい。しかし得るものは大きい。

5 研究の仲間をつくる

★教えを受けるには 自分から頭を下げることである

わたしの研究授業やっと終わりました
今回はその授業研究会です

授業研究会
上手な授業で感心しました
子どもたちがいきいきとしていました
上手な授業でした
よかったよかった
とってもよかったよ
教材研究がばっちりです
よかったどうでもよかった
けっこうな授業でした
けっこうけだらけ
けっこうけっこう
どう？研究会の感想は
ほめられたのはうれしかったんですけど
批判もうけないと授業の腕はあがらないのでは……
一度サークルに来てみない
はい!!
こちらの資料を使ってみたらどうかな
なるほど
発問もこのように変えるべきだ
研究の仲間を作ることできたらサークルに入ること!!
研究は他人との「交流」によってこそ深まっていくのです

6 やることを限定する

★研究と研修は違う

今回は「研究テーマ」がテーマです

今年の校内研究のテーマは「楽しい学習」にします
研究テーマ
楽しい学習
まずは教具を工夫してみたら…
学習ゲームもあるし……
やることがいっぱいありすぎるよ
わいわい
がやがや
これは「実践上の課題」であって
「研究上の課題」とはなりません
研究テーマ
楽しい学習
もっともっと限定してみましょう
なるほど
主発問で子どもが活動する授業
こうすると「さまざまな発問」を考え、実践し、検討していけばいい
いいね
こんな発問はどう？
研究はやることを限定することですね
個人研究のテーマもうんと限定してみました
ほう
「チョークのかわいいもち方」です
ズルッ
まあいいけどね

7 自分の考えを示す

★質問するときは、
自分の考えをまず
述べるべきである

研究仲間ができました
五月《さつき》先生
如月《きさらぎ》先生

私たちの部会ではこんな資料を教材として考えてみました
その意見に反対です
なんでも反対
ぜったい反対
とにかく反対
それ行け反対
授業における「資料」とは何ですか?
質問
質問
いろいろ質問
やたらと質問
しつこく質問
先生方のお考えを聞かせて下さい!!
研究では自分の意見を示すことが大切だ
批判するなら「代案」を示すべきだし
質問するなら問題点と自分の考えを示すべきだ
代案
ちょっとおこりすぎたみたい…

8 嘘をつかない

★研究とは真実を求める
行為である

一年間の研究の末 子どもたちには 何の 変容も なかった
……
子どもたちの変容
4月 5月 6月 7月 8月
研究主任
水無月《みなづき》先生

しかし いちおー「研究」だし… 発表も近いし… 「変容がなかった」じゃ かっこわるいし…
そこで ちょっとグラフを修正して 「子どもたちは向上的に変容した」と発表して みよう
子どもたちの変容
4月 5月 6月 7月 8月 9月 10月
つまり うそを つくんですね
そりゃ いいや なんでもありだ
ギロ
研究は 真実を求める 行為である
真　実
しかし、教育界の「研究報告」には 嘘がしばしばまじっている。その結果、「研究紀要」は 「誰も読まない」という状況になる。
ここは 正直に 「結論は出せなかった」 と発表しよう
子どもたちに 「ウソをつくな」とは 言えま せんよ
でへへ 反省!!

9 楽しくやる

★研究は、かっこつけたり
嘘が混じるとつまらない
ものになる

今後の
研究活動について
話し合いましょう

毎月
一枚ずつ指導案を
書いたら？
会議室
う〜ん
おれ今年は
体育主任やってて
いそがしいんだよね
ちぇっ
おれも
いそが
しいよ
なんだか
重苦しい
雰囲気になっちゃった
研究は
もっと楽しく
やんなくちゃ!!
研究授業奮戦記
で〜す
冬休みは
合宿を
やりましょう
おもしろそ〜
ついでに
歌も
うたったりして……
楽しくやっていると長続きする。
楽しくやっていると嘘をつかない。
楽しくやっていると
一人ひとりの事情に合った
個性的なものが生まれる。
楽しくやっていると創造的になる。

10 志を立てる

★授業研究では
「事実」によってのみ
成果が測られる

共有財産は すべての教師の参加に よって創られている という 　　学問的組織論	共有財産にする上で 実践の批判・検討は 不可欠であるという 　　研究的方法	すぐれた教育実践は 共有財産であるという 　　　思　想

1 学芸会は全員出演

★教師の演出力
—20分で全員
1つ以上のセリフ！

授業に「演出」は必要だよ
演出
「演出」って何ですか？

「教室」という舞台で「授業」という演劇を指導しながら「子ども」という役者から、その可能性を最大限にひき出すてだてだ。
可能性
可能性
授業
教室
しかし、それは誰にでもできることではない
一つの例を示す
百十名の五年生が学芸会に出るとしよう 全員の子を活躍させたいが 持ち時間は二十分間しかない
いろいろなやり方はあるが私の「基本方針」は昔から変わらない
第一は、全員を出演させるということである。
これ以上の教育効果は考えにくい。
第二に、全員に一つ以上のセリフを言わせることである。
たった一言のセリフを言うのがどれほど大変なことかは体験しなくては分からない。
次のセリフを、三通り変えて読みなさい「サヨウナラ」
さようなら!!
さよなら……
さ…さ…さよう…なら
例えば、たったこれだけで一時間の授業をしてみる。これだけのことだが、教室は爆笑につつまれ、時にはシーンとなる。

2 学芸会での演出

★役はオーディションで決める

全員が出演できて全員にセリフがあるような劇って可能なんですか？
主人公が登場するようないわゆる「ストーリーもの」はできないね

だから「オムニバス風の劇」をやるんだ一つひとつが独立した短い劇でできていて、全体が流れていくんだよ
なるほどこれなら全員が出演することができますね
さて、演出は次のようにやる。
台本を読んで自分のやりたい役をさがしてセリフを覚えてきなさい注意は…
声が大きくて体育館のうしろの人まで聞こえることです
役はオーディションで決めます
このことをクリアするために子どもは家でも練習する。
そのうち、オーディションが近づくと、オーディションの練習をしてくれとせがむようになる。私はむろん、それに応じる。
しかし、私は、役づくりは子どもに教えません役づくりは子どもがします子どもの工夫を評価することで、その可能性を引き出すのです

3 子どもの力を引き出す

★登場の仕方だけを個別評定

教室で、私はオーディションの練習をしてやる。
それでは、登場のしかただけを採点します十点が最高点、五点とれば合格です
教室へ入って、黒板の前に立つまでの二秒か三秒の動作がテストなのだ。

0点!
0点!
次々に0点を連発していく。何も工夫しないのだから0点なのである。
全員終了これでいいですね?
もっとやらせてください!次は考えます!
2点!
3点!
なんの役だ
おまえさんは!?
授業の終わりに老人の役の子を前に立たせて、歩かせた。
老人の役はつくりやすい。見事な役づくりを子どもはする。
このような動作を、自分一人で考え、つくり出していくことを子どもに教えたのである。
百十名の子の役を一人ひとり教えることなどできるはずがない。しかし、一人ひとりが挑戦して、一人ひとりが考えて、一人ひとりが次々に工夫していくようにしてやれることはできる。
それが教師の演出力だ!
教師が全力を入れて「手とり足とり教え」たとしても、たいしたことは教えられない。そんなことより、子どもの可能性を引き出すこと、この方がはるかに多くを学ばせることができる。

4 技術があるから分析できる

★力のない人が技術を馬鹿にする…

プロは技術を大切にします
力なく努力もしない人が技術を馬鹿にします

将棋の有段者なら試合をやった後に、再現してどの手がよかったのか悪かったのか言える。
農家の人なら田に育った稲を一目見ただけで、稲の作柄を言うことができる。
今年は豊作だな
いかなるプロも技術を持っており、その技術を通して理解を深めるのである。

技術がない人が語ると一般論、建前論、抽象論になる。
教育は技術ではありません　教師の愛情と熱意を持って、子どもとむきあうことです
教育界には、そのような一般論をありがたがる傾向が一部にあった。
たしかにそうだよな　「技術」って何か冷たい感じがするもんなあ

しかし、一般論では、「授業」や「教育」は改善されなかった。
よーし　愛情と熱意で体当りでがんばるぞ

この先生の授業はちっとも面白くないね
うん
……
現実は「理論」や「理念」ほど、うまくいかないのだ。

5 名人は技術を大切にする

★くちで判断せず、行動を見て判断せよ

教育技術ついて話をすると、次の二つのタイプの人から反発をうける。第一は、技術を持たないで長い間教師をやってきた人である。
私はベテランだ技術で教育はできんぞ！

第二は、新卒教師のように若い教師である。
教育は、愛だ さあ、夕陽に向かって先生と走ろう
教育に対する山のようなロマンの前には、「技術」は、小さなことに思えるのである。
しかし、一方、第一級の知性や第一級の力量のある人々は、耳を傾けてくれる。法則化運動が始まった時、真っ先に耳を傾けて応援してくれたのは、三人のすぐれた教師であった。
千葉大附属小の野口芳宏氏
筑波大附属小の有田和正氏
高知大附属小の伊藤経子氏
授業の名人にとっては、教育技術など小さなことであろう。しかし、その大切さはしっかりと理解されている。
子どもたちの地図活用の学習技能を高めるにはどうしたらいいのですか？
たとえば、
山のようなロマンの前に、「教育技術が小さく見えている若き教師」とも語っていきたい。
自分の力量不足のせいだ
ロマンを実現するには、それを支える教育技術が必要なのだ、と。
教育技術は必要です！
そんなものは必要ない！
こうした論議は、理念の問題で「抽象的」であるので、一生かかって論争してもお互いに変わらないのである。
そんなことより、学校の中で素晴らしい実践をする人が一人でも二人でも出てきた方が、影響は大きいと思う。
できた！

6 見る目があるから理解する

★1年間の授業時数とその内わけを教えてください！

「あれども見えず」という言葉がある。
?
!
どれほどすぐれた授業を見ようと「見る目」がなければ、やはり見えないのである。
授業

私はエコノミストの長谷川慶太郎氏のファンだ。
長谷川氏は、工場見学を何度もしたという。現場こそ経済の出発点というわけだ。しかも、ただボーッと見たわけではない。現場は、ウロウロ歩いても何も見えない。
氏は、朝の六時に工場の門の前に行って、工場への人の出入りを観察するという。そして、数時間、工場に入り中を見る。
社会主義国の工場は駄目になっている
↑十年以上も前にとらえていた。
私たちの「授業参観」や「学校参観」と似ている。研究者は、いくつぐらい「現場」を参観しているだろうか。
研究者
長谷川氏は必ず三つの質問をする。
水（ウォーターサプライ）輸送（トランスポーテーション）公害問題（ポリューション）はどうやっていますか？
工場長の口からすらすらと答えが出ないような工場は、みんな悪い工場だという。管理の力が分かるからだ。
工場長
すばらしい視点ですね
たとえば、私なら質問の一つは次のようになる。
一年間の授業時数とその内わけを教えて下さい
教育課程を編成する力があって、はじめてこのような問題に答えられる。このように、ある視点があって、はじめて理解できるのである。
ようするに「『見る目』をきたえろ」ということですよね
うーん、やっぱりめがねを買おうかしら
………

7 子どもが熱中する授業

★熱中する授業の共通点 5つの法則

子どもが熱中するような授業をしたいのですが……
子どもが「熱中する授業」にはいくつかの共通点がある

第一は頭を働かせる授業。知的好奇心に満ちた授業と言ってもいい。謎を解くように頭を働かせると熱中する。
春　安西冬衛
てふてふが一匹韃靼海峡を渡って行った
第二はできない状態からできる状態へと挑戦していく授業だ。
よし 4点！
やった！ 1点 上がった！
ステップは小さく刻むべきだ。「ダメ・合格」の2段階より、1点刻みの方がいい。
第三に「ゲーム」。しかし、「計算」など、学力がもろに出るような「ゲーム」はよくない。
自分でゲームをしていって他人と比較しないものならすすめられる。
「五色百人一首」はゲームのいい例だ。
第四は、自分で考え自分で練り上げていく授業は熱中する。
創造性が発揮できるものは子どもは喜ぶ。
第五に「漢字ドリル」「計算ドリル」のようにやることがはっきりしていて全体が分かるものがいい。
「うつしまるくん」はこのタイプの傑作だ。
「熱中する授業」それは教師の願いだ
そこにはある種の法則が貫かれている
こんなことを意識しながら教材研究すると授業が変わっていきますよねえ

8 研究授業を拒否する教師

★研究のために
子どもを使うのは反対…

職員会議
研究授業に反対です研究のために子どもを使うのはいけないと思います

そのとおりです授業を見に行けば自習になるでしょう
子どもを犠牲にしてはいけません
このような教師の授業はひどい
子どもが混乱するような授業だ
その教科の本質とはなんたらこうたら
研究とはかくかくしかじか
という感じの話し合いはよくあるでしょう?
うーんよくあるっす
そのくせ大言壮語をしたがる
うーんありそうっす
てなことを言うことだけはうまい
うーんいっぱいあるっす
つづく

9 力ある教師は授業を解説する

★20秒に区切り
教師の行為を述べよ

授業を
解説するためには
たとえば
次のようなことを
語らねばならない

授業開始の三分間は
どのようなことを
するのか。
二十秒ずつぐらいに区切り
くわしく教師の行為を述べよ。
そして、その一つひとつの行為は
いかなる意味があるのか。
なぜ、そのように
するのかを解説せよ。
む…難しい
っすねえ……
そう
まじめな
教師、
よく学ぶ
教師でさえ
難しい
力のない
教師には
絶対に
できない
そして
悪口を
言って
逃げる
に……
逃げられ
ない……

10 技術が身につく訓練

★「分かったつもり」から1年で「分かった」へ、それから10年で「分かったことが出来る」ようになる

本もかなり読んだし……
教育技術もたくさん知ることができたっす

知るだけでは不十分だ教育技術を使いこなす力（技能）も身につけなければならない
「技術」は机の上で理解することが可能だ。しかし「技能」は「現場」で経験を積むことによってのみ身につけられる。
技能
技術
かといって現場で経験を積めばいいかというとそれだけではいけない高い水準に達するための条件が必要だ
第一は、高い目標を持つこと。すぐれた教師になるためにはすぐれた教師の授業や講演を自分の目で見ることだ。
第二は、目標との差を自覚すること。自分のどこがどのように悪いのかを分析しなければならない。
テンポがまるで駄目だ
第三は、それを克服する努力を続けること。野球で言えば「千本ノック」を毎日やって三年間だ。技術のことなど忘れるくらい自然と自分のものになる。
「技能」は「一つの技術を使える」という状態から「多くの技術から瞬間的に一番いい方法を選択して使いこなす」という状態までの広がりがある。
自己流
技術を知る
一つの技術を使える
多くの技術から一つの技術を瞬間的に選択して使いこなす
芸
技能が最高度に伸びそれがその人の個性に結びついた時それを芸というのでありそのような授業ができる人を名人というのである

11 技術の引き出しを持とう

★子どもから
「盛大な拍手」
「しーん」とした静かさに

体育館での集会。さわがしい子どもたちをどう静かにさせるか。
静かにしなさい
力のない教師はやたらに「静かにしなさい」をくり返す。最低な教師はどなりつける。

教師なら何らかの技を持っているべきだ。
先生が五つ数えますからね 五つ数えるまでに静かにしましょう
ひとーつ ふたーつ
このような方法ができる段階でプロの入り口、新卒程度であろう。
この程度は教師生活の間に自然に学ぶ
問題はいつもいつもこの方法しかとれないことだ。
ひとーつ ふたーつ
またかー
これでは教育の幅がせまくなってしまう。
子どもを静かにさせる方法はいろいろある。たとえば
ひとさし指とひとさし指をたたいて下さい 小さな雨だれです 二本と二本にして下さい きり雨になりました 三本と三本で小雨になりました もう一本加えます 大雨になりました 手の平全部でたたきます 嵐のような雨です
子どもたちは盛大に拍手する。
今度は静かにさせていく。
嵐が去って大雨になりました 外は静かな小雨です きり雨になりました ポツンポツンと雨だれです 雨は止みました 静かです
しーん
こういう教育技術はいっぱい持っていた方がよい。
いっぱい持っていれば状況に適した方法を選ぶことができ教育の幅は広がるのである。
方法
だから次のことが大切だ
教育技術はさまざまある。できるだけ多くの方法をとりあげる。
うーん 自己流という型にはまってしまっていました

12 技術とは絶えず検討・修正

★永久不滅の教育技術は存在しない

ある教育技術は発展する途上に存在する。
それでいいというものは存在しない。

ある教育技術はある特定の条件の中で限定される。
いかなる教育技術にも欠点がある。

その点をうめるための絶えまない研究を教師は続ける。
批判し修正し、よりよい方法をつくり出していく。

たとえその修正がほんのわずかであっても貴重である。
わずかな修正のつみあげが、大きな力となるのである。

およそ、「技術」は、このような修正の連続の上に輝かしい地位を占めるようになる。

いかなる技術も永久革命の一時期にのみ存在する。
常に絶えまない研究を続けることが大切だ
完成された教育技術は存在しない。常に検討・修正の対象とされる。
よい方法を研究している時の授業って活性化するのよね
教師のそういう姿勢って子どもにも伝わるっす！

13 一つのやり方が万能ではない

★教育技術は教師の主体性で選択する

また法則化の本を読んでいるな
……

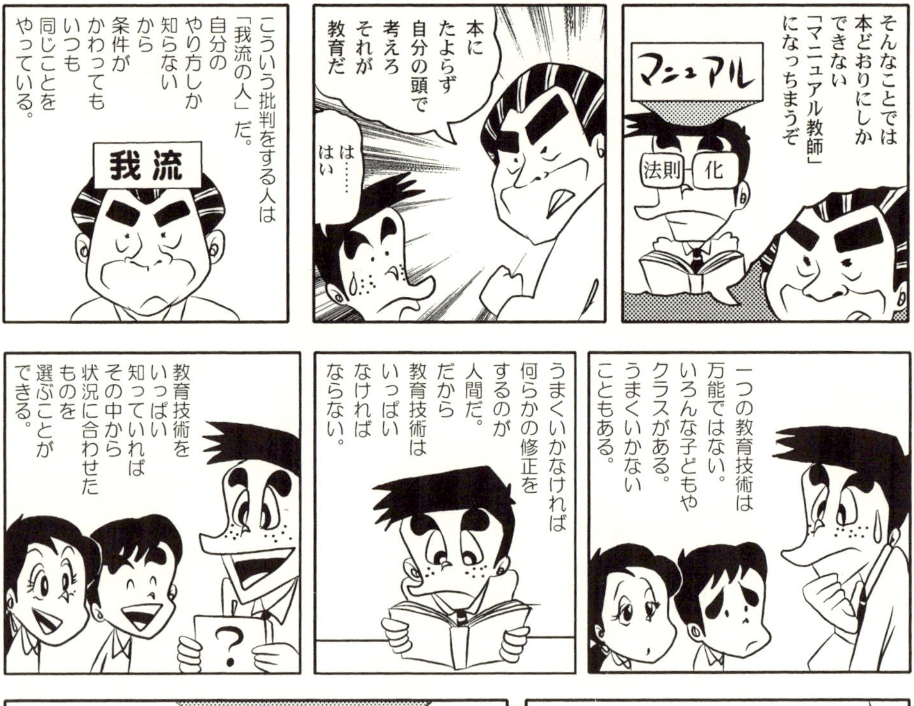

そんなことでは本どおりにしかできない「マニュアル教師」になっちまうぞ
マニュアル
法則化
本にたよらず自分の頭で考えろそれが教育だ
は……はい
こういう批判をする人は「我流の人」だ。自分のやり方しか知らないから条件がかわってもいつも同じことをやっている。
我流
一つの教育技術は万能ではない。いろんな子どもやクラスがある。うまくいかないこともある。
うまくいかなければ何らかの修正をするのが人間だ。だから教育技術はいっぱいなければならない。
教育技術をいっぱい知っていればその中から状況に合わせたものを選ぶことができる。
?
いろいろな技術からいい方法を選ぶのは担任自身だ なぜならクラスの子どものことを一番知っているのは担任だからだ また クラスの子に教育していくのも担任だからだ
なっとく
だからこのことが大切だ
多くの技術から自分の学級に適した方法を選択するのは教師自身である。
だからこそ教師は謙虚に勉強しクラスの子どものことをよく観察しなくてはならないのですね

14 読まれ・使われる紀要

★教育技術は実証されなければならない

昨年度つくったうちの学校の研究記録を読んだ？
ちらっと見ただけっす
研究紀要

すごくがんばってつくったんだからもっと使ってよ
はいっす…
研究紀要
がんばったのは分かるけどねこれでは他の人の役には立たないよ
ガーン
研究紀要
ど…どうしてですか？
だって「自分たちはこのようにやってみました」「私たちはこのようにして努力しました」ということが書いてあるだけだから「やり方」が分からないでしょ
努力の報告にしかすぎない
しかもどこかの受け売りがほとんどで文章もあっちの本こっちの本からとった切りはりだ引用が示されていないじゃないか
………
研究紀要
何が足りなかったのでしょうか？
授業のやり方を伝える上での最大のものは教師の言った言葉特に「発問」と「指示」だよ
ということでもっと知りたいっすね次回につづくっす
つづく

15 発問指示なきは実践記録か

★バスの運転手はどんな仕事をしているのでしょうか？

授業のやり方を伝える上での最大のものは教師の言った言葉だ特に発問と指示が中心だ
発問・指示

たとえば次のような書き方では何の役にも立たない
ここでバスの運転手の仕事についてたずねる
これでは教師によってやり方がさまざまですものね
発問1 バスの運転手はどんな仕事をしているのでしょうか?
発問2 バスの運転手はどんな仕事をしているか知らない人に説明してあげましょう
この二つでは授業は全くちがってくる
バスの運転手は運転している時にどこを見ているのでしょう
こうなると授業はまたちがってしまう
＊有田和正先生の有名な発問
だから発問研究は授業研究の生命線なのですね
すぐれた発問を身につけることこそプロ教師の第一条件なのだ
だから研究の記録では次のことが大切になってくる
主張は教材・発問・指示・留意点・結果を明示した記録を根拠とする。
私が書いた研究紀要には発問も指示も全く記されてないわ…結果も分からないしまさに「努力の報告」だわ…
研究紀要
でもこういう研究紀要ってけっこう多いっすよ

16 技術は現場から生まれる

★保護者・子どもから期待される公立学校への道

都市圏では公立学校ばなれが進んでいる。
小学校は私立がいいわよ
そうよね先生の教え方も上手だし問題も少ないものね

このままでは公立小学校の信頼は地に墜ちてしまう
公立中学校はすでに地に墜ちているし…
八〇年代の向山洋一
現在の教育システムが教室の現状に対応できていないからなんだな
それまでの教育学とは六〇年代型の教育文化だ。
大学のえらい先生
大学から発信される一方通行の文化だった。ところが八〇年代になって不登校などのさまざまな問題が出てきた。教養文化では解決できないのだ。
それを解決する指針を全国各地の教室の中に探した。それが法則化運動だ。
全国津々浦々の教室で行われている授業の中で効果的だった指導方法や教育技術を集め、そこから良い教育をするための法則のようなものが導けないかと思ったのだ。
教育は技術化したり法則化するべきものではない
という批判もあったが
自分の授業がレベルアップしました
問題解決の糸口が見えるようになりました
という声は大きかった。ある意味で僅かな光明が見出されたともいえるだろう。
公立中学校への批判が大きければ大きいほど私立や塾へと保護者は傾倒していくわ
くやしいっすね！
公立学校が保護者や子どもから期待され信頼される学校であるためにわれわれは真剣に努力しなければならないのです

17 技術は願望の具体的表現

★ぼくだけとび箱がとべない…

教育方法の学会に行くと実にいろいろなことを考えさせられる。

若い研究者が私どもが誰も知らないような外国人の教育学説について研究発表をしている。
アメリカのこの教育学者はラーニングについて次のように述べています
それはそれでいい。それも研究なのだろう。
しかし
日本の教育技術はいかに教師の意図通りに効率よく「教えるか」という「教え主義」に陥りやすいので子どもを「学び」から遠ざける危険性があります
といった「教育技術」について批判を述べたとすれば話は別だ。
その若い研究者は「外国人の教育学説」については研究者かもしれないが
「教育技術」の研究者ではない。研究者風をふかせて「教育技術」の批判をすれば「研究」について論じる資格もないと言わざるをえない。
外国人の教育学説
教育技術
研究者の中には技術は理論の具体的表現であると考える人が多い。
ぼくだけとび箱がとべない……
そうではない。技術は願望の具体的な表現なのだ。
「教育技術」は「教える子の可能性を伸ばそう」と真剣に悩み、具体的に努力する教師と、それを理解して支援しようとする研究者こそが論ずることができる。技術は現場から生まれるのである。
ぼくにもとべた！

18 子どもの変化が生まれたら

★知識を得る上達論から修業する上達論へ

教育技術を生み出す方法ってあるのですか？
私の場合は次のような時に生み出されることが多い

一、あることをずっとテーマとして心に抱いている。
常に心にひっかかっており何かあると気になるという状態だ。
二、「できる子」と「できない子」のちがいに注目する。
「できない子」は何かが不足している。それを発見するのだ。
三、あれこれ、方法を思いついてやってみる。
駄目なことが多いがそれでもあれこれやってみる。本も読んで先達の知恵からも学ぶ。
四、その結果、「子どもに変化」が生じたらめっけものである。
変化ははじめはわずかだ。しかし「変化が生まれた」ということは、「基本方向をつかんだ」ということなのだ。あとは、その方向をもっと多面的にして、掘り下げてみればいい。
日本を代表する科学者西堀栄三郎氏は次のように言う。
点
理論
点
点
理論というのは全部「線」で、現実は「点」で表されると理解すればよいのではないだろうか。それらの点がすべて現実を表しており、結果であり解答なのだ。理論ではこれらの点をすべて現実として受け入れ、認めることから始めなければならない。
教育における一つひとつの「点」を受け入れ認め、それに対応することが本物の「教育研究」なのです
われわれには「現場」があるっすだから一つひとつの「事実」をつくっていくことが大切だと思うっす
プロ教師修業の道ははてしなく続きますがんばって教師人生を豊かなものにしていきましょう

1 理科教育の方法はいくつある？

★生涯かけてたった１つの方法、技術を開発…

今回から黒帯六条件
わたくし春野やよいも挑戦いたします

水無月先生の専門は理科ですよね
ふふんまあな
理科研究会ではぼくのことを「授業の名人」ってよんでるよ
えっへん
理科の授業は卒業したね
日本には粗く言って理科教育の方法は何種類あるんですか?
へっ?
何の本を読めばいいんですか
いやあ本とかはね…
ぼかあ家ではビールのんでナイター見てるから
ちょっとね……
教師の技量を高めるには猛烈に勉強するしかない
読書をすることがまず重要だ
今から本屋さんに行きませんか
いいねえ
つまりなんちゅーかわたし勉強不足だったんですね…

2 子どもが変化する言葉とは

★全く同じに見える方法も、やってみると全然違う時もある

今回は有田和正先生にインタビューです
はいはい
有田式生活科ワーク

授業がうまくいく場合とうまくいかない場合と発問はどのようにちがうのですか?
たとえば「バスの運転手はどんな仕事をしているのでしょう」と聞いても
そりゃあ「バスの運転」にきまってるじゃないか
かんたんだよ
これを「バスの運転手は運転している時どこを見ているでしょう」と問うてみると
ミラーも見てるよ
料金箱も見てるわ
よーし調べに行こう
このように「子どもが変化する言葉」というものがある
こうしたプロの技術を100学ぶことだ
100
100はちょっと…せめて50くらいにまけてくれませんか
だめ

3 自分との違いに打ちひしがれる

★追試はサルマネではない…

向山先生の この授業おもしろそう…
さっそく 追試してみよう

すぐれた実践を追試すれば
すごい… 私の授業とは まったく ちがうわ…
自分と相手とのちがいに うちひしがれる。
私のやり方と どこがちがうのか
わははは
向山洋一
おそるべし
どう すれば いいんだろう
考え、学び、ふりかえり…
なるほど 向山先生には こんな 原理が あるのか… 学級経営の 方法も 私とちがうわ…
そして、成長する。
よし 明日から こうやってみよう!
すぐれた授業の 追試を100せよ
教師の成長は 実践の場においてこそ 達成されるのである
なるほど 追試は「サルマネ」では ないのですね
ウキキ
それは 「サルの マネ」 でしょう…

4 もっと、うまい方法がある

★多くの人が修正を加えて改良されていく

この実践も
おもしろそうだなあ
あした
やってみよう

他人の追試をすると「もっとうまい方法はないか」と考えることがある。
うーん
いまいちか…
もっとよく
なるはず
だけど…
いかなる方法でもどこか欠点をもっている。そこで改良を考える。
私の考えた方法で
やってみよう
多くの人が修正を加えることによって
よりすぐれた方法が作り出されていく。
うまくいった
わすれない
うちに
記録して
おこうっと
改良のためにこそ追試が必要なのである。
あなたの実力次第ですぐれた技術・方法を
作ることに参加することになるのです。
よーし
私も「サルマネ」から
脱皮だ!!
バーン
だから
それは
「サルのマネ」
だって……

5 困難な道を選ぶ人

★研究授業を100回せよ

やよい先生は研究授業をどれくらいやっている?
年に2回はやってますが…

全国に通用する授業の名人には絶対の条件があるんだよ
研究授業や公開授業を数百回やってるんだ
数百回!!
実力は口先だけではどうにもならない。努力した者はそれなりの結果が出て怠る者はそれなりの結果が出る。
上達の道を努力する者が確実に成長する。
一年に2回ずつ研究授業をやって
100回するには…
50年後!
73才のプロ教師
それではどうするか次回でくわしく説明しましょう

6 校内で授業を見せ合う

★最低「授業案配布・検討会・自評」を残せ

研究授業100回かぁ…
はぁ～

黒帯六条件の中でも最も困難なのが「研究授業100回」です
そうなんですよ…
そこで小さな研究授業も含めることにします
たとえば同学年の先生や校長・教頭先生に見てもらう授業ですね
気のあう先生方に見てもらうのもいいね
そうそう
ただし、最低、次のことは必要だ
一　学習指導案の印刷・配布
二　授業後の検討会(短くてもいい)
三　授業者の分析・自評の印刷・配布
これなら私にもできそうです
法則化の仲間はどこでも研究授業をひきうけているよ
よーし毎日研究授業やって
毎日向山先生に見てもらおうっと
……………

7 キーワードは「楽しい」

★「研究会へ100回出席せよ」

今回は「研究会へ100回出席せよ」です
では行ってきます
出席すればいいんですから簡単ですよね

出席すればいいってもんじゃないよ
およっ
心にもないようなほめ言葉だけの研究会では力は育たない。
今日のお授業はすばらしかったですわ
そーかな…
「良いものは良い」「駄目なものは駄目」と率直に言える研究会が必要だ。
発問2はわかりにくいですこうなおしてみたらどうでしょうか
また自分が提案者でなければ出席しても価値は激減する。
あーだこーだ
提案者
ふわあぁ…
自分が毎回提案できる研究会であることだ。
学級通信です
このように力のつく研究会に100回なんだよ
わたしっていったい….

8 1分見て60分解説

★論文審査の力をつけるには

向山先生は論文審査の力を
どのようにして
身につけてきたのですか

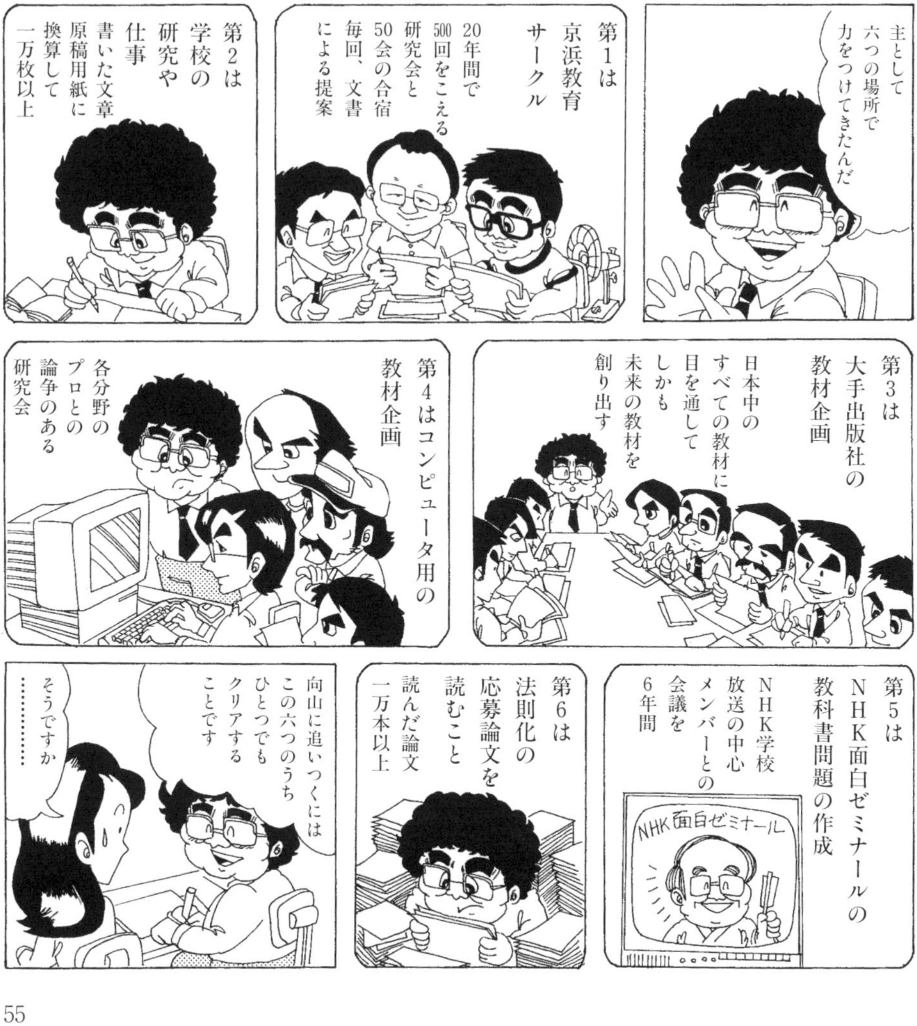
主として
六つの場所で
力をつけてきたんだ
第1は
京浜教育
サークル
20年間で
500回をこえる
研究会と
50会の合宿
毎回、文書
による提案
第2は
学校の
研究や
仕事
書いた文章
原稿用紙に
換算して
一万枚以上
第3は
大手出版社の
教材企画
日本中の
すべての教材に
目を通して
しかも
未来の教材を
創り出す
第4はコンピュータ用の
教材企画
各分野の
プロとの
論争のある
研究会
第5は
NHK面白ゼミナールの
教科書問題の作成
NHK学校
放送の中心
メンバーとの
会議を
6年間
NHK面白ゼミナール
第6は
法則化の
応募論文を
読むこと
読んだ論文
一万本以上
向山に追いつくには
この六つのうち
ひとつでも
クリアする
ことです
そうですか……

9 きっぱりと言い切る！

★論文100本に挑戦せよ！

「法則化論文を100本書け」か……

よーし
論文100本に
挑戦だ!!
実践がなかった……
実践したことしか書けない。
翌日
よーし今日やった国語の授業を論文にしよう
発問を正確に思い出せない
ううむ……
発問のテニヲハ一つが問題となる。
翌々日
よーしなんとかできた
向山先生に見せてこよっと
2年前に発表された先行実践の方がはるかにいいよ
高い価値がなければいけないんですね……
同じ教材を使っての先行研究の勉強が必要である。

10「100」は黄金の経験則

★人前で発表！
が実力をつける近道だ！

11 月謝を払うから身につく

★いかなる道のプロも身銭を切っている

今回は、お母様方にインタビューです

学校の教師にどんなことを期待していますか
な――んにも期待していませんわ
きっぱり
学校の先生方は勉強もしてませんし本も読んでませんもの
おっしゃることは新聞記事程度の内容と常識的な思いつき程度の内容だし……
えー教育とは…
だら
くどくど
だら
せめて教育のプロとしての腕をあげてもらいたいわよね
……
いかなるプロであっても腕をあげるために身銭を切って学んできたのである
とりあえず目安として「研究会・本代などトータルで百万円」だ
月給の半年分だあ
がんばらなくっちゃ

12 タダの研究会は沢山あるが

★後の席から埋まる会場と前から埋まる研究会の違い

職員掲示板
講演会の案内
講演会に行ってみようかなあ

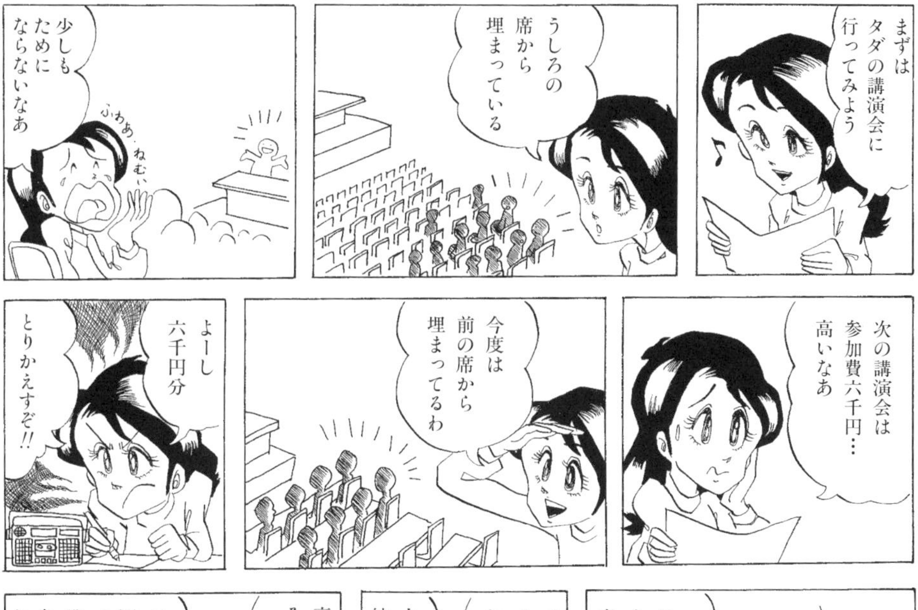
まずはタダの講演会に行ってみよう
うしろの席から埋まっている
少しもためにならないなあ
ふわあ、ねむい
次の講演会は参加費六千円…高いなあ
今度は前の席から埋まってるわ
よーし六千円分とりかえすぞ!!
さすが全国レベルの実践家だわ
タダの講演会やタダの研究会はたくさんあるが
大方は魅力のないものだ
高い費用の裏にはそれなりのものがある
「ただ」で聞いた講演より「身銭」を切った講演の方が身につくものなのだ
なっとく!!

13 敵の強いところで闘わない

★黒帯六条件ステップ10

黒帯六条件の内容はすべてわかったけど…

実際にやるとなるとこれが大変なのよねー

そこで10のステップに分けてみました
へえっ――

黒帯六条件ステップ10

		プロ	上級			中級			初級			入門
ステップ		初段	1級	2級	3級	4級	5級	6級	7級	8級	9級	10級
①	すぐれた技術方法を身につける	100	／	／	／	100	80	60	40	30	20	10
②	追試から学ぶ	100	90	80	70	60	50	40	30	20	10	5
③	応募論文を書く	100本	／	100	90	80	70	50	30	20	10	5
④	研究会に参加する	100回	／	／	100	80	60	50	40	30	20	10
⑤	研究授業をする	100回	90	80	70	60	50	40	30	20	10	5
⑥	身銭を切って学ぶ	100万円	／	／	／	／	100	80	60	40	20	10

がんばる目安になるでしょ

私は9級 研究授業10回すれば8級だわ

●5章　まんがで知る
「授業の原則（技能編）八ヵ条」

1 教育は菊より大根

★一株一株、大切に育てることが大事

江戸時代の学者細井平洲は次のようなことを述べている
子どもを教育するとき「菊好きの菊作り」のようにしてはいけない。「百姓の菜大根を作る」ようにしなければならない。

この意味わかる？
「菊好きの菊作り」は見事な花を咲かせたいために、あれこれ手を加えるというわけだ。
じゃまだからきっちゃえ
つぼみを摘みすてたりのびようとする勢いをちぢめたり……このような方法はいけないと細井平洲は言っているのだ。
「子どもを育てる」というのは、百姓が一本一本の野菜を大切にして育てるように、大小不揃いであってもそれなりに一株一株を大切にして育てるようにすべきなのである。
最近流行の個別化・個性化教育そのものではないですか？
そのとおり!! すぐれた理念は時代をこえて作用するんだ
よいしょ
よいしょ
学級園
やよい先生何をやってるの？
学級園で大根を育てることが教育上大切なんでしょ？
………

●5章　まんがで知る
「授業の原則（技能編）八ヵ条」

2 訴えを聞き分ける仕事

★小指が動いた！見逃さない教師修業

あの子
仲間はずれに
しましょう

……
テストの
採点中だから
あとにしてね
そんなことでは
いじめは
なくならない!!
いじめは
教師が
本腰を入れて
知る努力を
しなければ
つかめる
ものではない
授業中
発言したい子は
かすかに小指が
動く。
また、
低学年の子は
断片的にしか
考えられない。
ちゃんと言える
ように指導も
必要だし
断片的なことから
その奥を理解
する教師の技量も
必要なのだ。
……
あのね……
あのね……
むっ
小指が
動いた
あの……
ピクッ
さあ
元気よく
発言して
みよう
トイレに
行きたいんです……
……

3 子ども理解とは？

★「子どもが自分のことをどう思っているのか」を理解すること

山田君は成績優秀で明るい子だわ
山田一郎

本当にそうかな？
裏側を見なくちゃ
ぼくは何をやってもダメだ…
えーーっ!! そうだったの!?
教師が子どもを理解するには表面のことだけではダメだ
「子どもが自分のことをどう思っているか」を理解する
なるほどそうですね
そのためにはとぎすまされた感性と包み込むような温かさが必要だ
よーし!! 私も子どもの裏側を見るぞ
はいここに立ってね
おやっ、やよい先生何やってるの？
うら
子どもの裏側を見ているのです
………

4 子どもから意見が出ない時

★とんでもない意見を取り上げれば授業は活性化する！

ぼくは ○○○ だと 思います
えへっ!!
ははははは….
ちぇっ とんでもない 意見だなあ

他に意見は ないかな…
シ〜ン
うちのクラスの 子どもたち… 意見は とんでもないし シーンとして 発言しないし 向山先生 だったら どうしますか?
……
やれやれ
とんでもない 意見が出た時に 私は「しめた!」 と思うよ
その授業の つづきをやろう
ずん ずん
さっきの ひろし君の 発言は 私はすごいと 思います だって △△△ だからです
えへっ!!
はいはい
おや? 何か反論が あるの?
とんでもない意見、常識はずれの意見が出るからこそ授業は発展もするし深いものにもなっていく。教師に技量が足りないために発展させられないだけなのだ。
つまり、私の 技量不足が原因です
子どもたち ごめんね

●5章　まんがで知る
「授業の原則（技能編）八ヵ条」

5子どもの中に入ると…

★教師がそうじや子役をして見えてくること

あの子たちまたそうじをさぼってる…

たまには子どもの中に入ってそうじしたり遊んだりしてみてごらん
は…はい
なるほど…まじめにそうじをやっている子が見えてきたわ
力の強い子やいじめられやすい子も見えてくるわ
このやろー
子どもの中に入るのが大切なのは、子どもと仲間になるためではない。今までの見え方とちがって見えるから大切なのである。
今までと視点を変えるわけよね!!なっとく
私はごくまれに子どもに先生役をさせることがあります私は子どもの席にすわって子どもと同じ役に徹します
向山くん、もっと端的に言いなさい!
おーっ先生そっくり
自分の強引さが、欠点が目につきます

6 秒単位の時間を意識しよう

★朝礼の話も
1分30秒が限度だ！

とび箱のポイントは足をひらいてあーやってこーやってそれから…………
長いなー
くどくど
だらだら

やよい先生一回の指示に二分以上もかかっているよ
ありゃストップウォッチ
体育での指示は一〇秒くらいが原則だね
そうですね
教師の仕事すべてが時間で意識されるものではないが時間を意識しなければならない部分もある。秒単位の意識は、あらゆるプロの基本条件なのである。
だいたい教師のあいさつは……
う…うん？
向山先生その条件については声を大にして言いたいことがあります
教師の話は長――い!!長すぎる!!
結婚式で時間オーバーしてだらだらスピーチするな!!
朝礼の話も一分三〇秒が限度だぁ!!
……

●5章　まんがで知る
「授業の原則（技能編）八ヵ条」

7 技量は向上か後退かのどちらか

★あーだ、こーだ～
しーん…

教師は〃経験〃だよ
ぼくのようなベテラン教師の
授業からも学びたまえ
はい!!

あーこーだだ
なんてたいくつな授業かしら……
し～ん
これは教師の勉強不足でしょう
いやあおっしゃるとおり……おはずかしい……
教師の技量は、経験を積めば向上するというものではない。「すぐれた発問・指示」を常に使うように、心がけないといけない。
研ぎすまされたプロの腕は使わないでいると落ちてくるのである。
「一日に四度めしを喰え。一度は活字のめしを喰え。」というのは、知的な仕事をしている人には、当然のことなんだ
なるほどさっそく実行だ!!
しかし「活字のめし」って全然おいしくないですよ
……
まあまあ

8 子どもから学べる教師

★思い上がると成長は止まるーのだ

教材も発問も悪くないのに子どもたちちったらちっとも発言しないわ

こんなにいい教師が教えてあげてんのに
よーし!! 発言競争させてでも……
それは教師の思いあがりだ
教師も修業をつむと技量も向上する。
本も読んだし研究授業もやったし……私もまんざらじゃないわね…
しかし思い上がると
成長は止まるのである。
「子どもから学ぼう」という謙虚な姿勢を忘れておる…
ぎえええ
「教師修業ははてしなく」ですね向山先生
そのとおり伸びゆく教師の姿を見て、子どもは育つんだ

1 4月・学級開きですること

★勝負は最初の３日間である！

四月、新しい学級びらき
みんなの担任をつとめます
春野やよいです よろしくね

教室の窓はだれがあけるんですか
田中君が　頭がいたいって…だれが保健室につれていくの
給食当番はだれからやるんですか
わすれものした人はどうするんですか
………
子どもの生活のすべてが子ども自身の運営によって
快適にすごせるために役割の分担が必要になる
この「学級のしくみ」を最初の三日間で作らなくてはならない
全員協力してがんばろう
みんなきちんとできてますね
楽しい生活を作ろう
レクリ係　チェックするしくみ　給食当番　そうじ当番　○○当番
そしてこの二つが明確でなければ動かないんだ
何をするのか
いつするのか
学級を組織するのってけっこう大変なんですね
最初の三日間で全力をつくすべし
そうだわ
最初の三日間休んじゃえば楽になるわ
まったくわかっとらん……

2 学級を組織化するには

★担任が１週間不在でも子どもだけで活動できるクラスに

学級を組織化するといっても漠然としてよくわからないんですが……
そんなときはイメージを描いてみることだ

たとえば教師が一週間休んだと考えてみる
朝、教室の窓をあけるのはだれだろう。
授業がはじまるまで誰が担当するのか。
給食当番は誰がどうやるのか。
そうじ当番は誰がやるのか。どう交代するのか。
こんなことをイメージしてノートに書いてみる。
メモでけっこう。「ひらめき」は乱雑なメモから誕生してくる。
なるほど!!生活上どうしても必要な組織が見えてきますね
誤解のないよう言っとくけど「一週間担任がいなくてもいいクラスを作る」と言っているんじゃないよ そのように考えた方が分かりやすいということなんだよ
……
うたがいのまなざし

3 クラスの仕組みをつくる

★学級内の３つの仕事分野

子どもたちの活動を次の三つの仕事の分野にくくってみた

一、学級を維持するため毎日定期的にくり返される仕事で、一定の人数が必要なもの
(例) そうじ当番 給食当番
二、定期不定期にかかわらずくり返される行事で少人数でよいもの
(例) 黒板係 配布物係
三、学級生活を豊かにするために必要な組織(文化・スポーツ・レクリエーション)の三分野の係り
(例) スポーツ係 新聞係
さて、実はこれ以外にも考えておくべきことはある
まず、前記の組織が機能しているかどうかのチェック機能が必要となる
やってるね!!
これは「定期的に係が報告するシステムを作ってもよいし、「日直」などにその機能を与えてもよい 教師が代行してもよい
その次に、「教科」にかかわるルールを作っておく必要がある 例えば、体育の授業の時など「準備」や「準備体操」を誰が中心になってやっておくかというルールを決めておく
第三に、「自由研究」とか、「イベント」とか、そのような豊かさに対応できることがあればなおすばらしい
私は何の係になろうかなあ……
教師がやってどーすんの…

4 学級を組織する原則

★まずは学級組織図を作成する

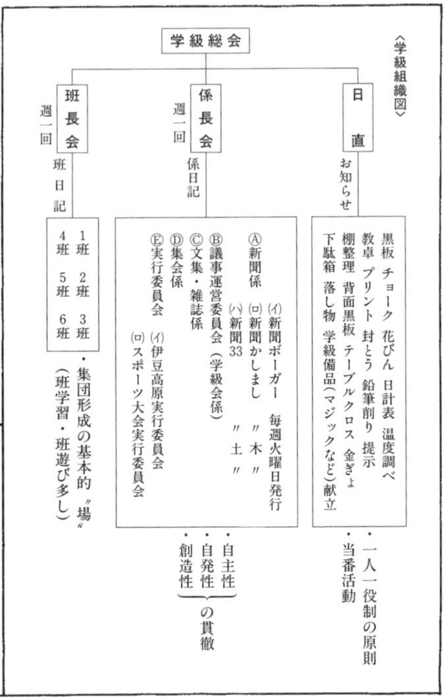
〈学級組織図〉
学級総会
日直
お知らせ
黒板 チョーク 花びん 日計表 温度調べ
教卓 プリント 封とう 鉛筆削り 提示
棚整理 背面黒板 テーブルクロス 金ぎょ
下駄箱 落し物 学級備品（マジックなど）献立
・一人一役制の原則
・当番活動
係長会
週一回
係日記
Ⓐ新聞係 (イ)新聞ボーガー 毎週火曜日発行
(ロ)新聞かしまし 〃木〃
(ハ)新聞33 〃土〃
Ⓑ議事運営委員会（学級会係）
Ⓒ文集・雑誌係
Ⓓ集会係
Ⓔ実行委員会 (イ)伊豆高原実行委員会
(ロ)スポーツ大会実行委員会
・自主性
・自発性
・創造性
の貫徹
班長会
週一回
班日記
1班 2班 3班
4班 5班 6班
・集団形成の基本的〝場〟
（班学習・班遊び多し）

大四小のころ私のクラスの組織図はこうなっていた
学級の中は大きく「三つのルート」で組織されているんだ

一つは六名ぐらいのグループによる班。どこのクラスにでもあるだろう。給食当番、掃除当番などは、これが使われる。
一つは係。これは文化スポーツレクリエーションが基本で「希望」が原則である。
一つは、こまごまとした日常的な仕事であり、これは「一人一役」を基本としている。
当番活動と係活動は明確に分離した。
給食
当番
そうじ
日直は、その日一日の全責任を持ち、当番活動に含まれぬ仕事もする。（机の整頓など）
係活動では活動の場と方法を完全に与える
日直
自主性
係
スポーツ
文化
レクリエーション
創造性
自発性
つづきは次回だ
ためになるマンガです 今後も楽しみ!!
教室ツーウェイ

5 学級の組織図をつくる

★やりたい、面白い活動を設定することが出発点

大四小のころの週予定表です

〈週予定表〉

	朝（一五分間）	帰（一〇分間）	放課後
月	（朝礼）	A 議運	班長会 係長会
火	班会議	B 班長会	（班活動）
水	各班から連絡	C 集会	（係活動）
木	係より報告	当番より	（班活動）
金	班会議	反省議運	（係活動）
土	週目標について		

班長、係長は立候補演説をともなう立候補とする。

立候補がない場合は空白のまま。
多数立候補した場合はじゃんけんとし、選挙はしない。

なぜ「じゃんけん」なのですか
誰に対してもなれるチャンスを完全平等に保証できるからだよ

なお、立候補の時「方針を示す」という唯一の条件があるから「立候補じゃんけん」システムは成長を保証されるのである。
方針

学級を組織するというのは、組織を作り、それらが活動する時間を「定期的」に設置し、活動する上での諸原則を示すことである。

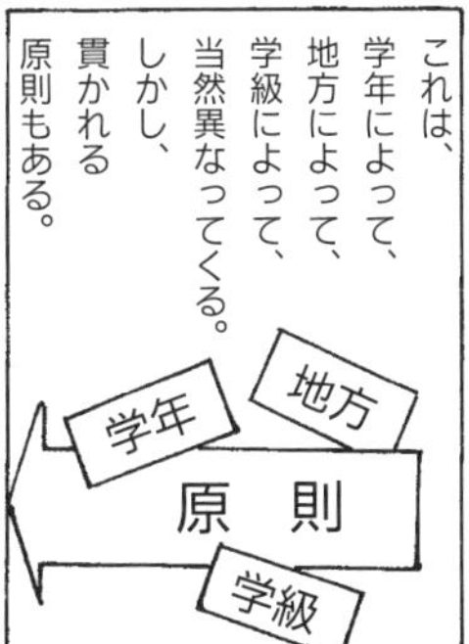
これは、学年によって、地方によって、学級によって、当然異なってくる。しかし、貫かれる原則もある。
地方
学年
原則
学級

各学級の実態をふり返り、自分はどのように学級を組織しているのかをサークルなどで検討されることを願う。

ううむ生活上必要なものを考えて組織化して組織図を作らなきゃそれから当番と係と週予定表も……
……

6 活動をつかみ評価する

★プラン・ドゥ・シーの３段階は活動する時の原則である！

教室のほうき当番ねがんばってね
はいしっかりやります

ちっとも見てくれていないや
まあさぼってるわダメな子ねえ
これはやよい先生がいけないやらせっぱなしでは「動き」はいつか消滅する
人間は「自分に対する評価」がされるから行動するのである。
しかし
教師が「やる気」でいる時はよいが
「やる気」がない時、まるで、放っぽりぱなしでよくない。
そこで登場するのが
システム
である。
例えば、毎日の「帰りの会」のうち、週に一回だけは「係からの報告」という日にする。教師も一つ二つ質問する。
「現状をつかむ」ことが指導の第一歩だ
向山先生、わたし今週こんなに教育書を読みました
………
がんばってるねいい教師だね
でへへ

7 やることを「見ている」

★子どもの活動のチェック機能のないクラスは…

ガミガミ
ガミガミ
Bグループはさぼってばかりでちっとも新聞なんて出さないわね

しかられちゃったね
しかたないから何かやろうか
めんどくせーな
叱ることによって活動を促すこともできるが、「創意工夫」が生まれることはない。「活動している子ども」の中で、すばらしいところをとり出し、「ほめる」ことである。
Aグループの新聞はおもしろいわねえ
いいところを認め、ここぞとばかりにほめる。これは、いろんな作用をする。
ほめられちゃったね
がんばってよかったわねえ
もっとおもしろい新聞を作りましょう
ほめられてるグループがあったよ
おれたちもなんとかしなくっちゃ
Aグループにまけない新聞を作ろうぜ
新しいアイデアをどんどん入れようよ
みんな見たらびっくりするかもね
AグループもBグループもすばらしい新聞を作れるようになったわね
教師がほめることによって「まじめに活動しよう」とするグループは増えていく。

8 偶発の問題への対処法

★事件が発生！
まず原因の確認を

やよい先生 Bグループと Aグループが もめて います

おれたちが はじめ だったん だぞ!!
……
なによ! 勝手な ことばかり 言って!!
偶発の問題が生じた時に、とるべき事は二つある。
一つには、事実の確認をできる限り正確に行うということ。
事実の確認なしに方針は決められない。
事故の 場合も 同じだ
もめ事の 原因は 何なの?
新聞を 作っていた ら………
カラーペンを 使おうと 思ったら….
ふむ ふむ
なーんだ カラーペンが 不足していた だけじゃない
次に「具体的方針」を「即座」に出すこと。
とりあえず はじめに使って いた Bグループが カラーペンを 使うこと
Aグループ には 新しい カラーペンを 買ってあげます
ほんの 実力ですたい
今回は うまく解決 できたね
うは ははは

9 子どもに活動をさせる時

★「現在の瞬間を生きている」を実感させせよ

さて いかなる活動を させていくべき だろうか
「集団としての力量を つけさせるために」 活動させます

「まとまって 何かをする 力をつけたい」 そういう ことは 確かに あるが 一面的だ
集団
それでは 「未来のための 力をつけていく」 ということでは どうでしょうか
未来
そういう一面も あるね しかし 次のような一面も あるよ
学校教育は その時の 子どもの 生活そのもの である
子どもは 「未来のために 生きている」と ともに 「現在の瞬間を 生きている」 んだ
それでは 「現在の瞬間を 生きている」ことが 実感できる 活動とは どんなことでしょうか
私の体験では
第1位 論争に満ちた授業 あれこれ考えた授業
第2位 クラス全体で やったイベント活動
楽しそう ですね
「現在の瞬間を 生きている」ことが 実感できる活動で 同時にそれが 「未来を生きる」 ためのものであれ ば理想的ですね
そのとおり

10 楽しい活動をやらせよう

★学級会は
「自分たちの問題」と
「楽しくするための活動」
でつくれ！

「現在の瞬間」を「よりよく、より楽しく、より充実して」生きるためにはどんなことが必要でしょうか
そのための第一条件は…

「知的な授業」であーる
ドーン
これがうまくできればその他のことはすべてうまくいくと言っても過言ではない
それができた上で子どもが活動することは大きく二つに分けられる
第一は、自分たちの生活上の問題を自分たちで解決していくことである
第二は、自分たちの生活をさまざまな活動(イベント)によって楽しくすることである
学級会は「自分たちの問題にかかわる活動」と「楽しくするための活動」の両方にかかわる
私の実感では「問題」が二割、「楽しさ」が八割くらいかな
わたしにもセリフくださいよ!!
すまん……

11 教育研究の「夢」

★消える夢と実現していく夢の差は「どこ？」

世の中にはさまざまな「企て」がありますよね
オリンピック
さまざまな行事
職員旅行
運動会などなど
企て

こうした「企て」にとって最も必要なものは何でしょうか
最も必要なものは
夢
だよ
夢
「はじめに夢ありき」ですね
「夢」は誰しも思い描く
「あれがほしい」
「これをやってみたい」
お金もちで
ハンサムで
やさしくて
背が高くて
しかし
このような夢は
あとかたもなく
消えていく
現実
ゴン
「消えていく夢」と「実現していく夢」との差は「夢を描く人間の狂気」である
狂気
まぁ
異常な
執念と
いうか……
狂気!?
よーし
夢を
実現させてきます
恋人
募集中
捕獲!!

12 夢を描き策を立て行動を

★「志」を同じくする人が
1人でも2人でも生まれれば

「夢」と「狂気」はそろいました
次は何が必要でしょう
夢
狂気

その次は「策」が必要だ
策!?
策《さく》
まず夢を実現するために計画をたてる能力
一石二鳥計画
①教師の力量アップのために研究サークルを結成する。
②そこですてきな男性と知りあい恋におちる!!
そしてそれをやりとげる実行力が必要なのである。
サークルに入りませんか
サークル
たった一人から始まる。やはり「汗をかく」ことが必要なのである。
「夢」があって、「狂気」があって、「策」があれば、応援してくれる人、一緒にやってくれる人が出てくる。
きゃーいい男
「志」を同じくする人々が一人でも二人でも生まれれば、半ば成功したといっていい。
ま…まずいふんいき
人生山あり谷あり

13 実践集団をつくろう

★いろんな分野のいろいろな人の本を読むと…

いろんな分野のいろんな人の本を読んでいると

やたらに「夢」のことがとび出してくる
「私がテレビの研究にとりつかれたのは『無線を使って遠くのものを見ることができないものか』という、いわば空想のような思いつきが始まりだった……」
高柳健次郎
「私は実にたわいのない夢を大切にすることから革新が生まれると思っている……」
井深　大
「夢」があり「志」に凝縮するわけですね
「法則化運動」も「チャレラン」も一つの「夢」であり「志」であった
チャレランは、次々に「大イベント」に出あっている
「花博」「アジア太平洋博」「京都フェア」「学びピア」……
しかし、これらの巨大イベントも学級内におけるイベントも私には同じことなのだと実感しているんだよ
ふ
向山先生ほーら三分もつづいてますよ
人の話をまったく聞いとらん

14 研究文化の“ハレとケ”

★イベントでつける
「子ども自身の力」

向山実践では「子ども自身の力」をイベントの中でつけられていますね
そうだね 向山実践と他の実践との大きなちがいだろう

チャレランも向山実践の帰結として誕生したんだ
チャレランは「小学校学級経営」誌から誕生した。私が「チャレランを作ろう」と呼びかけたのである。
小学校 学級 経営
向山の企画ははじめは何だか分からないものが多い
本人でさえよく分からないのだからまわりの人はもっと分からない
チャレランではどんな種目をするんですか
これから考えます
お～っ!!
チャレランの運営はどうするんですか
これから考えます
ざわざわ
子どもたちの記録はどうするんですか
これから考えます
……
シーン
こんなところからはじめたチャレランも「子どもイベント」としては日本一の規模に成長した。
まなびピア
ドラリンピック
こういう不可能と思えることをのりこえるとこんな程度は何でもなくなってくるつまり……
力をつけられるのだ!!
POWER UP!!

15 規則で縛ってよいか

★組織は定性方向に
辿りはじめると没落！

雨の日の遊び

向山先生のクラスの子が教室でメンコやっています
あらそう……
向山先生のクラスの子がメンコやってましたよ
学校のルールはどうなっていますか？それにしたがいます
へ？
学校の……ルール……
たしか、数年前にメンコは禁止されたんじゃないですか
えーっそんなこと決めましたっけ？
勉強に関係ないものは一切ダメなの
職員会議
「雨の日などの教室内での遊びのルールは学級ごとに決める」ということでどうでしょうか
一年生のクラス五年生のクラスそれぞれに事情がちがうクラスごとに話し合えば論議もするさまざまな形になる
これが教育なのだと私は思う

16 ロマンが人を惹きつける

★一度しかない人生であるならば

法則化運動には実に多くの人々が参加する。
授業に役立つ方法があるからであり、授業が変わるからである。

しかし、それだけではない。
そこにロマンがあるのだ。
ロマン
多くの教師は、子どもにとって価値のある教師になりたいと思ってるし、
そして自分の努力の結果が仲間の役に立てばよいと思う。
自分の仕事が雑誌論文・単行本として歴史の一ページに刻まれるのをかなりの教師が願っている。
気高い目標だ
法則化運動は、雑誌執筆の順序を破壊した。二〇代三〇代の教師が次々と論文を発表したのだ。
20代
50代
出版は実力の世界なのである。
法則化運動は巨大なロマンを実現させていく教育集団である。
中国
フランス
アメリカ
チャレラン
韓国
コンピュータ
出版
サークル活動
ジュニアボランティア
教材
ロマンの運動は規模が広がる。
じゃあ私にも本が出版できますか?
もちろんがんばれば必ず実現する
なにやってんの?
サインの練習です

17 教師のイメージが子どもを規定

★よい絵を描かせるには「よい絵」を沢山見ること！

絵の指導はむずかしいわ
「好きなように描け」といっても描けない子もいるし……

わあー!! すてきな絵
駅前ギャラリー
こどもの絵画展
うーん いい絵には人を感動させる力があるなあ
の絵画展
今やっていることがポイントであーる
わっはっは
駅前ギャラリー
こどもの絵画展
……
よい絵を描かせるためにはよい絵をたくさん見ておくことだ
指導者のイメージが子どもの絵を規定するのである
酒井式描画指導法
酒井　臣吾　先生
やよい先生のイメージはどうかな？

18 夢は最後の場面を描くこと

★頭に描けるからこそ指導できる

私は担任しているクラスに、常に
「夢」を思い描いています
夢

だから、子どもたちにも「夢」を説き、実現していくよう指導しています。
夢を描くということは最後の場面を思い描くということでもある
特に、体育、図工、音楽のように体を使うものは、子どもの最終的なある状態を目標にする。指導者がどれだけの種類の仕上がりを頭に浮かべておけるかである。
法則化運動も、とっくに最後の行動を示してあった
えっ!!
どんなことですか?
二一世紀「解散」だよ
そーでした………

19 リーダーは生まれるもの！

★「やりたい人がやりたいことをやる」である

法則化運動の活動方針は「やりたい人がやりたいことをやる」である

だから次々とリーダーが生まれる。自由でのびやかで好き勝手な活動方針なのだ。
二〇代講座
パーティー
テープ起こし
これは、教室の活動をくみたてる上でも、まったく同じことですね
そう 子どもたちに向いた企画を考える
学級全体で取り組まざるをえないようなこと、しかも、誰もがやりたくなるような
面白くて楽しいこと
こんな場をまず作るのだ。
たとえば「さかあがりパーティー」やることがいっぱいある
リーダーは「育てる」のではなく「生まれる」のですね
向山先生も法則化のリーダーとしてやりたいことをやってますもの
わっはっはっ………

20 教育界のスターの条件

★才能と実力、努力、人柄、時代、舞台

教育界にも
スターは
いますよね
そうだね
そのスターの
条件とは何だろう

第一に、
本人の
才能と実力。
実力

第二に、努力する人で
なければならない。

第三に、人柄がよくて、
謙虚でなくてはならない。

第四に、その人の実力・才能が、
その時代の人々の求めるもの
でなくてはならない。
才能

第五に、舞台が
なければ
ならない。
その人を
押しあげる人々、あるいは
プロデューサーが必要である。

なに
してんの
？
謙虚
でーす
せめて
人柄だけでも
と思って……

21 学級の演出のために夢を描こう

★子どもたちと夢を語り合い
質の高い活動を企画する

1 学級を組織するとは

★学級づくり３つのステップ

学級を組織するには
原則があります
原則を理解し
順序だてて実行することが
大切です
組織する

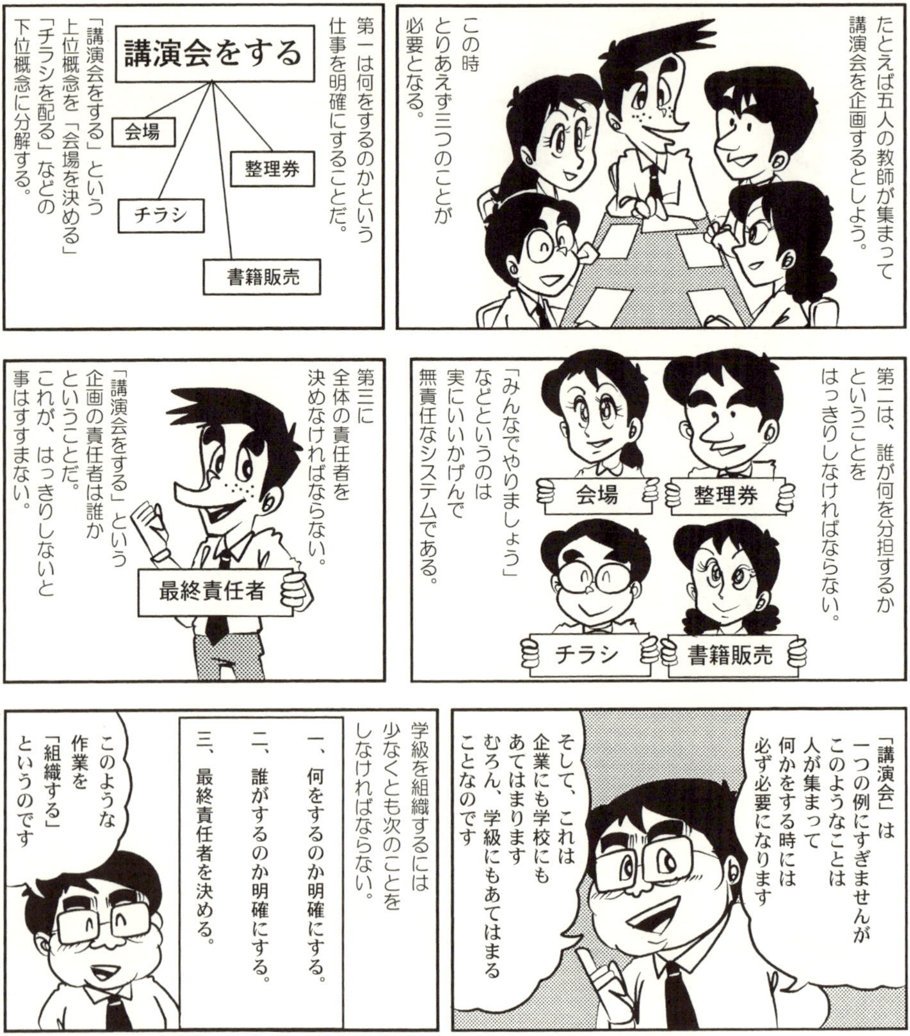
たとえば五人の教師が集まって
講演会を企画するとしよう。
この時
とりあえず三つのことが
必要となる。
第一は何をするのかという
仕事を明確にすることだ。
講演会をする
会場
整理券
チラシ
書籍販売
「講演会をする」という
上位概念を「会場を決める」
「チラシを配る」などの
下位概念に分解する。
第二は、誰が何を分担するか
ということを
はっきりしなければならない。
「みんなでやりましょう」
などというのは
実にいいかげんで
無責任なシステムである。
会場
整理券
チラシ
書籍販売
第三に
全体の責任者を
決めなければならない。
「講演会をする」という
企画の責任者は誰か
ということだ。
これが、はっきりしないと
事はすすまない。
最終責任者
「講演会」は
一つの例にすぎませんが
このようなことは
人が集まって
何かをする時には
必ず必要になります
そして、これは
企業にも学校にも
あてはまります
むろん、学級にもあてはまる
ことなのです
学級を組織するには
少なくとも次のことを
しなければならない。
一、何をするのか明確にする。
二、誰がするのか明確にする。
三、最終責任者を決める。
このような
作業を
「組織する」
というのです

2 三日間で学級を組織する

★黄金の三日間を見逃さない

学級づくりで大切なことは
新しい担任の向山です
始業式からできる限り早い時期にできれば三日間で組織するということだ。

はじめて出会った子どもたち。緊張して静かである。新しい担任、新しい学年に期待している。
この時なら担任の言うことを素直に聞く。
動き方
クラスのルール
この間に組織するとクラスの動きはスムーズになる。心地よい流れが生まれるのである。
ところが、世の中には「組織する」のが嫌いな人がいて
楽しくやるっす
「学級の組織化」を後回しにする人がいる。
ルールがないと一つ一つのやり方がぶつかりあう。
給食は残しちゃ駄目なんだよ
まあまあ
前の先生はいいって言ってたもん
給食を残す、そうじをするというようなことを一つひとつバラバラに対応しているとクラスの動きはぎくしゃくしてくる。
いつの間にかクラスは荒れはじめ…
しずかにするっす
騒音が支配するようになる。
ザワ
子どもは担任を馬鹿にして担任の言うことを聞かなくなる。
始業式から三日間で学級を組織するだけで一年間の学級づくりの半分は成功したと言ってもいいのです
わたし失敗してしまいました……
黄金の三日間

3 目標の仕組み

★学級を組織し、熱中する活動を配置する

新学期学級を組織するためには順序が必要だ
順序

第一は、クラス目標の設定だ。話し合って合意を得る。
どのようなクラスにしていくか話し合おう
「明るいクラス」にしたいです。たとえば……
なるほどそんなクラスにするには男子と女子が仲よくするべきだよね
むろん担任の考えを反映させてよい。
第二は、目標をやりぬいていくためのしくみをつくる。当番活動と係活動である。
当番活動は毎日同じ手順で繰り返される学級全体に奉仕する活動である。
給食当番や掃除当番などである。
忘れてならないのは「仕事の内容」を明確にすることであり、責任の所在をはっきりさせることだ。
日直が「チェックする」でもよい。責任の所在がはっきりしていないと仕事はだらしなくなる。
係活動は、二つに分けられる。第一は創意工夫があまり入らないものだ。黒板係とか配り係といったものだ。
仕事の内容は当番に近い。班ごとに担当してもいいし、一人一役でもよい。
第二は、本来の係活動だ。クラス全体にかかわるもので創意・工夫が大きく生かされる。文化・スポーツ・レクリエーションが主たる内容となる。
ゲーム係、新聞係、生き物係、集会係、などである。子どもの企画力や実行力を育て楽しい学級生活を実現することを目的としている。
男女混合百人一首大会をやりましょう
（つづく）

4 責任権限保証

★成功する法則には必ず「ステップ」がある

第三は、責任の所在を明らかにすること。
係毎の長でもよいしその一日のできごとは日直が責任を持つということでもいい
責任

当然ながら、責任を持つ人は権限を持つ。
その権限を保障するのは教師である
権限
責任
第四は、それぞれの活動をいつ行うのかを明らかにする。
時間を保障しなければことはすすまない。
ただし、朝の会や帰りの会の時間を長くとるのは反対だ。
私の場合、朝の会は三分、帰りの会は三十秒だ
「一日の反省」と称する話し合いはほとんど無意味だ。
第五は、生活をする上のさまざまなルールを決めておくことだ。
給食のおかわりは一人一回まで
新しく出たら、その時に追加すればよい。ただし、どんな小さなルールでも必ず全員に言うことが大切だ。
学級を組織することはのびのびとして明るい学習集団をつくることになるんだ
子どもたちが生き生きと活動できるようになりますね
もっと早く知っておくべきだったっす…

5 統率とは責任感

★子どもがついてくる
教師の条件！

教師には統率力が必要だ
統率力
「統率力」というとなんだか軍隊ぽいっすね

それは「統率」に対する考え方がまちがっているよ 大橋武夫氏は次のように述べている
統率とは、統率する者の気持ちを統率される者の心に感応させることである。したがって、統率する者は統率される者より優れた人間であるとともに、情熱を持っていなければならない。
大橋武夫著「統率」（時事通信社）
教室も同じだ。教師がやる気を持っている教室でなければ子どもはついてこない。
学ぶ者でなければ人の上に立つことはできない。
統率者は部下に優越するために必死に勉強しなければならない。
でも人間は万能ではないっすよね
そのとおりすべてにおいて優越する必要はない
しかし、これだけは劣ってはならないことがある。
統率者たる者の責任観念
である。
読み・書き・算をしっかりと教えることの責任感。
一人ひとりの可能性を伸ばすことの責任感。「いじめ」「差別」を許さずの責任感。
怠惰なこれまでの流れにうずもれてしまわない感性と勇気を持つ責任感。
教師が謙虚に頑固に学ぶ時子どもたちもついてくるということっすね

6 目標達成の仕組み

★共通の目標・追求する
　クラスで達成のしくみを！

統率のためにはこの三つの段階が必要だ
一、共通の目標をつくる。
二、目標を達成するしくみをつくる。
三、子ども集団を動かす。

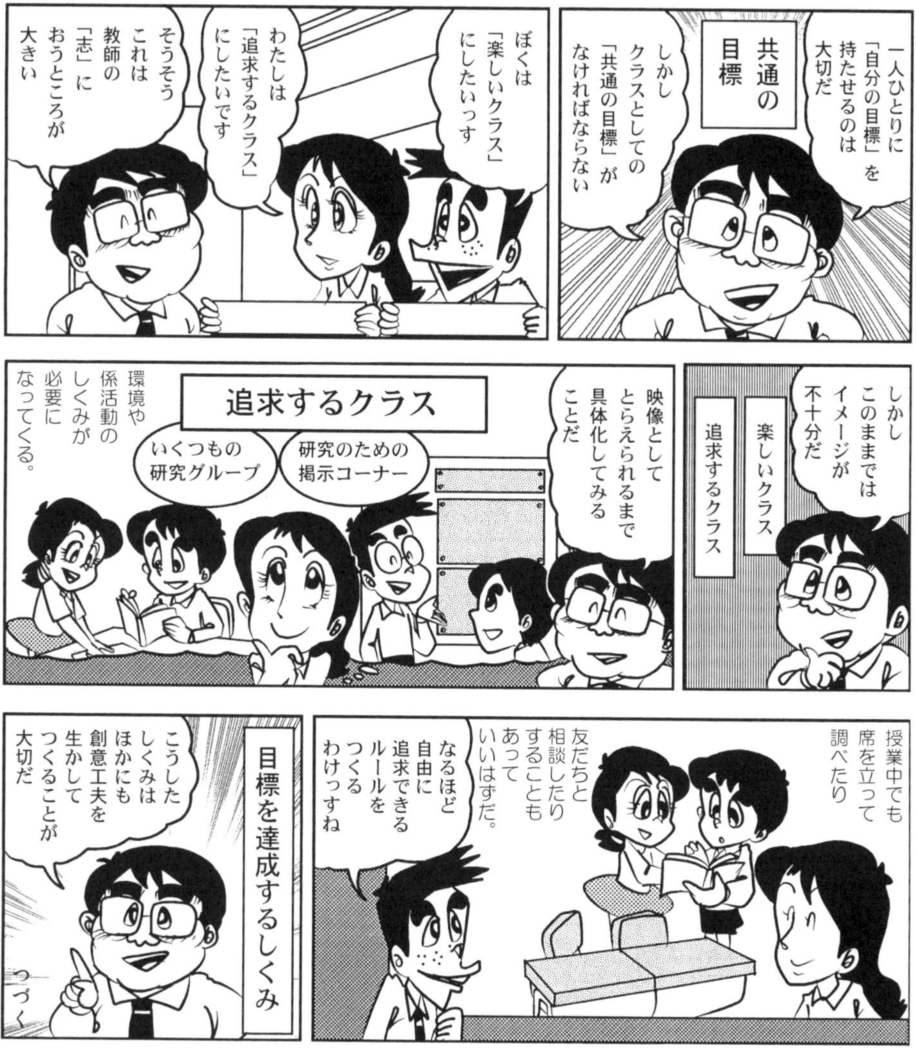
一人ひとりに「自分の目標」を持たせるのは大切だ
共通の目標
しかしクラスとしての「共通の目標」がなければならない
ぼくは「楽しいクラス」にしたいっす
わたしは「追求するクラス」にしたいです
そうそうこれは教師の「志」におうところが大きい
しかしこのままではイメージが不十分だ
楽しいクラス
追求するクラス
映像としてとらえられるまで具体化してみることだ
追求するクラス
研究のための掲示コーナー
いくつもの研究グループ
環境や係活動のしくみが必要になってくる。
授業中でも席を立って調べたり
友だちと相談したりすることもあっていいはずだ。
なるほど自由に追求できるルールをつくるわけっすね
目標を達成するしくみ
こうしたしくみはほかにも創意工夫を生かしてつくることが大切だ
つづく

7 子ども集団を動かすには

★ほめて、ほめて、ほめまくる…のだ

共通の目標をつくりそれを達成するしくみにはどんなものがありますか？
それはさまざまだ

たとえばチェックするしくみ。
掲示板の研究内容を更新して下さい
はーい
目標達成を喜びあうシステムも必要だ。
成功したら学級でパーティをやろうよ
いいわね！
そのようなしくみの次に実際に子どもを動かすことが必要だ
子ども集団を動かす
しかしうちのクラスの子たちは何もやらないっすよ
こまったもんすよ
最近の子は…
それは教師のせいだ
子どもを動かす原則はいくつもあるが最も大切なことは「ほめる」ことだ。
こんなに調べたの！すごい！すごい！
がんばってよかったな
いつも一生懸命そうじをしてくれてありがとう
先生は私のことを見てくれているんだ
前よりも調べ方が上手になったね
ほめてほめてほめまくるのである。
努力を認められほめられる時人は動くのです
ぼくもほめられたいっす
ほめられるような努力をしてよ

8 最下位の子を大切にする！

★すべてを温かく包み込める教師

いつも私を応援してくれたF先生。
彼の教卓のまわりには子どもたちが何人も群がっていた。ひざの上にいるのは決まって「できない子」であった。

ある日、F先生に声をかけた。
先生のまわりにはいつも子どもがいっぱいいますね
六年目の向山洋一
洋さん勉強のできる子や人気のある子はこれから先も脚光を浴びるけどクラスで最下位の子は今、大切にしてやらないと再び大切にされることはないかもしれないんだ
それ以来
教師として子どもを大切にしているかどうか
という問いに対する判断基準が加わった。
子どもたちを大切にしてます
ぼくも子どもを大切にした授業をやっているっす
どんなことを言ったのかどんな授業をしたかといったことは私の判断基準ではない
クラスで最も勉強のできない、人に嫌われている子が教師のひざの上にのったことがあるか。そのようなことが日常的にうまれているか。
最下位の子がひざの上に来るような教師なら「子どもを大切にしている」と判断する。
ひいきをする教師にはこのようなことはうまれない。
いい点とったな
口先だけうまいことを言う教師でも駄目だ。内心「嫌だ」と思っていることは相手にも伝わるのだ。
……
いかなる状態のいかなる考えの子どももすべてを温かく包み込める。そしてさらに子どもの可能性を伸ばそうという努力が重なった時……
子どもは別の表情を見せる。

9 危ない！静かすぎる学級

★でもその教室は暗かった…

かなり昔になるがベテランの男性教師と同学年を組んだ。
事務処理が実に速い人だった。
通知票は締め切り一ヶ月も前に終わってしまう。

彼の教室はきちんとしていた。忘れ物もなかった。
でも教室は暗かった。
私のクラスの子はよく忘れ物をしたし
そうじもさぼったが
それが自然であると思っていた。
その男性教師は自分の机のまわりを自分できれいにすることを子どもたちに徹底してやらせていた。点検は教師が行っていく。
忘れものは何日に何を忘れたのかを表に記入していく。一定の数がすぎたら家に連絡をする。
親子で神経がビリビリするようになり忘れ物はなくなる。
子どもはきちんとしていたがどこか暗くどこかおどおどしていた。
その教師はまもなく破廉恥罪で懲戒免職処分になった。
やはりどこかおかしかったのだ。
彼の何が問題だったのか。それは教室の「閉鎖性」だ。
教室にこもる実践はどこかおかしいところがある。
静か過ぎる教室はどこか危なさがあります
教室を開放し多くの人に見てもらって実践はみがかれていくのです

10 日々、教育哲学の修正を

★教師の行為を反省するということは…

学校は人が集まり人が学習し人が生活する場所だ
人が集まる所ならどこでもそれなりの「急所」がある
「急所」？

たとえば五色百人一首をやってみると子どもの喜びやクラスのまとまり保護者からの感謝などその急所が体得できるはずだ。
つまり学級経営の急所は具体的な実践を通して体得できるものなんだ
子どもと生活する上で生ずる日常的なさまざまなこと
そうした日々の対応こそが学級をつくっていく。
そして日常的な日々の対応は教師の考えで貫かれているのである。
「学級経営」とは教師の哲学の日々の照り返しなんですね
そのとおり！教師の行為を反省するということは自分の哲学を検討し反省し修正していくことなんだ

1 残酷ないじめが発生する学級

★いじめは教師だけがなくせる

「いじめ」によって多くの子どもが傷ついた。
「いじめ」によって、生命を絶つ子さえ出てきた。

しかし、「いじめ」事件が新聞報道された時の学校の発表はほぼ決まっていた。
中学生自殺
中学一年生「いじめ」で自殺
遺書を残して「いじめ」自殺
〜同級生によるいじめ〜
いじめの事実を知りませんでしたである。
確かに「いじめ」は分かりにくい面をもっており、子どもの中では発生しつづける
しかし子どもが自らの生命を絶たざるを得ないほどの「残酷」で「長期」にわたる「いじめ」を教師が知らない、と言えるか
すばらしいクラス知的な授業のあるクラスには「いじめ」はない。
発生してもすぐに解決する。
授業が面白くないクラス
クラスのまとまりがないクラス
そういうクラスでは「いじめ」がクラスの中を支配する。
教師の力量が低いほど「いじめ」が生まれる。
だから「どんなにひどいクラスのいじめ」でも力のある教師が担任すれば三日で解決する。
このマンガが心ある教師の役にたちクラスの中から「いじめ」が少しでもなくなれば幸いです
「いじめ」をなくすのは、教師の共同の課題ですがんばりましょう

２いじめた子の行動を聞く場面

★いじめは闘いである
知恵と力が教師には
必要！

差別の状況の発生は、最初は小さなものです。
となりの女の子と机をほんのちょっと離すとかそんなささいなことです。
それをとりあげるのは教師の仕事です。

その仕事を簡単に言うと
Ａ　小さな差別を見のがさないでとりあげる。
差別
Ｂ　差別を批判する時は、「お説教」ではなく、クラス全員を味方につけつつ行う。
差別
Ｃ　批判はたたみかけるようにする。
批判
批判
批判
差別
たとえば、ある男の子がいじめられている女の子を殴ったとします。
教師がその男の子をくどくど説教すると男の子はふてくされます。
他の子はあきてきて教室はさわがしくなります。
私なら、殴った男の子を教室の前に出させます。
そして一人一人に「女の子を殴ったことをどう思いますか」と聞きます。
よくない!!
クラスの一人ひとりが立って男の子の批判をします。
これはこたえます。
その子は反省らしき言葉を述べるはずです。
教師は「子ども集団には教育力がある」という原理を使いこなさなくてはならないのです。

3「グループ分け」の基準とは

★グループ分けで１人の大切さを教える！

遠足の時の
五つのグループを
作ります
「好きな人
同士」が
いいです

「好きな人同士」という
案が出されました
賛成が多いので
この方法でもいいでしょう
ただし
次の条件が
あります
一、三分以内で決めること。グループに入れない人が一人でもいたらダメ。
二、他人のことを無理矢理ひきこまないこと。
三、入りたくなかったら、無理に入らなくてもよい。
四、班がうまくできなかった時、他の人の責任にしないこと。
グループ分け開始!!
おーい
ワー
キャ
三分後
ポツン
この方法では
うまく
いかなかったので
約束どおり
別の方法で
やります!!
きっぱり
「好きな者同士」による
グループ分けは
実は「好きでない人」の
ことを配慮しないと
成り立たないということを
子どもたちは学んだのです
次の機会に同じことをやると
他の人のことも
意識するようになります
そんなところから出発して
やがて
自分たちで
グループ分け
ができる
ように
する。
こうやって
一人ぼっちの
子も
クラスの中に
所属していくようになります。

4 小さないたずらの叱り方

★きっぱり心地よく解決してやることも教師の仕事

先生……
どうしたの？

音楽室で戸をしめられ、中に入れてもらえなかったんです
そういう話はみんなで聞きましょう
ちっょとしずかにしなさい
その通りなの？
うん……
あやまりなさい
ごめんなさい
うん
男の子は、ほんのいたずらでやったんです男の子は、そんなことをしたいものなんです
でも、女の子にとってはショックなこといたずらはいいけど泣くまでのことをしてはいけないんです
こうしてトラブルは、その瞬間にクダクダグチャグチャにしないできっぱりと心地よく解決してやるのも教師の大切な仕事なのです。こうしたことは、教師だけができる仕事なのです。

5 跳び箱を跳べないの危機

★一部の子しか出来ない…そんな教師は差別者なのだ

わたし跳び箱跳べません
跳び箱なんか跳べなくたっていいんだよ

やよい先生……教師としての力量が劣っているよ
ドキッ
跳び箱が跳べない子はそのまま——テストをやってみて一部の子にしか満点をとらせられない——そんな教師は必然的に差別者なのだ。
「あいつは跳び箱ができない」「あいつは計算ができない」などと子どもたちが心の奥底で友人を評価している時、そんなことを払いのける事実を生むことこそが差別を崩していくのである。
差別の構造をなくしていくには、教師がその中心となること——
そして、教師の技量を高めていく勉強と努力をすること——
そして、かなりの結果が出たとしても
なお自分の弱さを否定していける謙虚さと自己否定の精神をもちつづけること
これは差別をなくしていく教師なら誰しももたなければならない前提なのだ。

6「差別」は目を盗んで

★鈍感な教師では「差別の現象」をつかまえられない

差別の事実を発見する
差別の事実と闘う
目の前の現実を見て「差別をなくしていく」ためには、二つのことが必要です

差別の事実を発見することは、けっこうむずかしい。
差別というのは、教師の目を盗んで行われることだからだ。
差別
でも、「それなりの学級経営がされていて」かつ「教師が注意深い人」なら、兆しをつかまえることができる。
たとえば、クラスで席がえをする。ある女の子のとなりになった男の子を、まわりの子がはやしたてる。本人もいやがる。
げっ…
これは、クラスの男の子の間で、差別をされてきた女の子がいたということだ。
このようなことは、小さなうちに教師がとりあげ、とりあえず毅然と対処することが必要だ。これは闘いである。
○○君 となりの人と机を離してはいけません つけなさい
男の子はしぶしぶつける。
ちえっ…
ここから「闘い」は始まる。

7 隣と机を離す子を見逃すな

★許してはならないという気迫こそ大事だ

となりの人と机を離してはいけません
ざまみろ
ちぇっ…

問題はこれからです。毅然と言います。
○○君 どうして 机を離した のですか？ 理由を 聞かせて 下さい
○○君 どうしたのですか？ 理由を聞かせて下さい
こんなことは許してはならないという教師の気迫こそ大切です。
……
そうですか 言わないの ですか では言う まで聞き ましょう
絶対、中途にしてはいけないのです。
べそをかいたら、一応はしおどきです。
いけないことを したと思って いるのですね 先生はこんなことが 大嫌いなのです 二度としない で下さい
はい
教室は、少しほっとしますが…。
△△君と ××君 立ちなさい さっき○○君を ひやかしてました あれは 何のことですか
あなたたちは 良いことを したのですか
……………
悪いことを したのですね もう二度と しないで 下さい
○○君 のことを はやした人 全員 立ち なさい
こんな時、みんな立つものです。立った子を、短くしかります。
先生は、 こういう ことが 大嫌いです 今度やったら 許さない ですよ
ここまでは、スタンダード型です。が、こうならない場合もあります。

8 いい逃れを詰めていく

★クラス全員を教師の側につける

どうして
机を
離したの
ですか？
「何となく」
です
こんな答えが
返る場合があります。

こんな場合も許しては駄目です。これは闘いなのです。
差別
クラス全員に聞いて教師の側につけます。
○○君は何となく机を離したそうです○○君は何となく机を離したと思う人は手をあげてごらんなさい
みんなは君の言うことがおかしいって先生もおかしいと思うどうして机を離したのですか
となりの子がいやなのです
では、そんなことをする○○君を先生はきらいです
これからは君によけいなことを言いません　他の子にもそうするようにすすめますこれでいいですね
世の中広いから、こんな子もいるかもしれません。
それでもいいよ
ではそうします事情をお父さんやお母さんに説明しなくてはなりません校長先生にも入っていただきますところで、君のご両親はいつなら学校へ来てくれますか？
席がえのときの小さな現象——
でも、それを見のがしてはいけないのです。

9 差別と闘うと大変革が！

★「いじめをした子」の心に痛みを生じさせる

席がえのときの小さな
現象から追及
こんなことが一回あると
差別

教室の中は 見ちがえる
ほど変わります。
もともといいことだとは
思っていなかったのですから
かなり大きな変化となります。
この「歯どめ」を作る
ことは教師の大切な
仕事です。
お説教など、あまり
ききはしないのです。
「いじめの場面」をえぐり出し
それをした子を追いつめる
ことが大切なのです。
悪霊退散
「追いつめる」といっても
むろん「教育的」なものです。
「追いつめられて反省した子」を
救ってやることもむろん必要です。
「いじめ」をした子
の心に、「痛み」を生じさせること
を通して、「いじめ」をしない教育
をしていくのです。

●８章　まんがで知る
「いじめの構造を破壊せよ」

10 選択を迫る場面づくり

★みんなは知っていましたか？

一九八二年、四年生を担任したとき、クラスの一人の女の子に対する「いじめ」を感じた。
私は、すぐに手を打ち、新学期まもない四月十日、学級通信を書いて、親の協力を求めた。

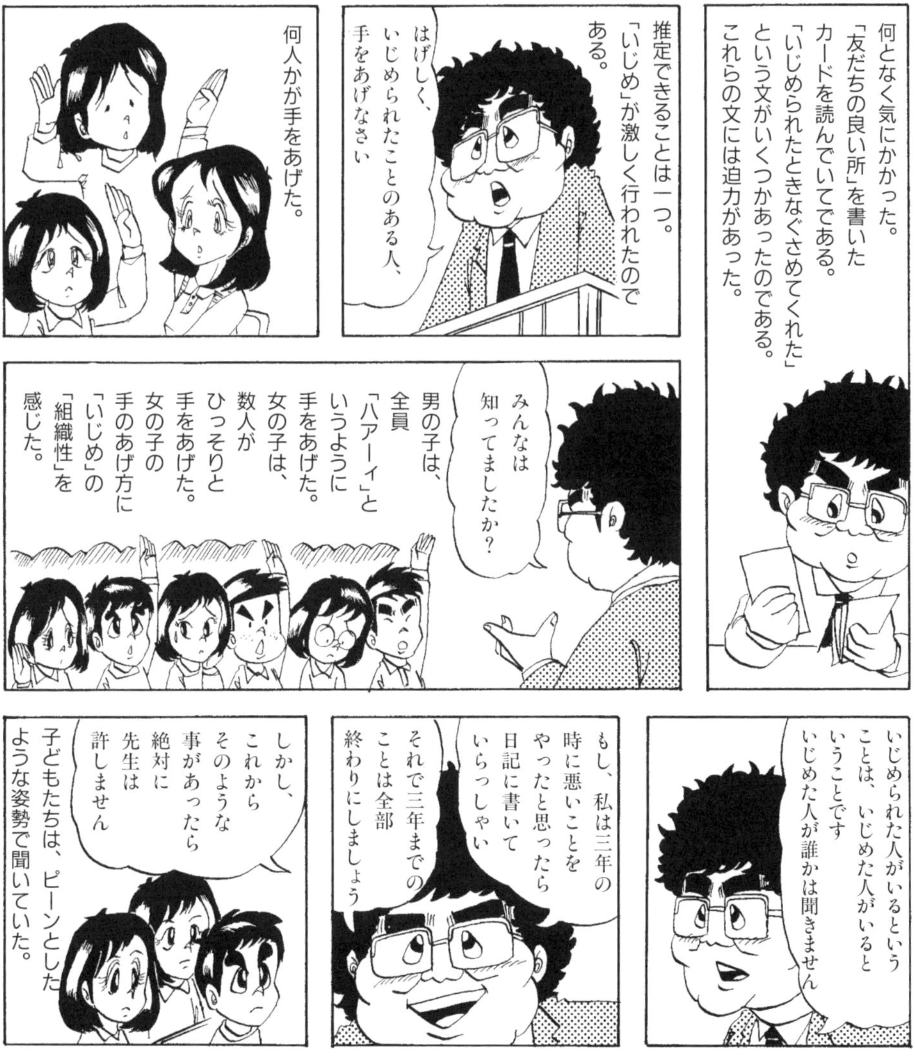

何となく気にかかった。「友だちの良い所」を書いたカードを読んでいてである。「いじめられたときなぐさめてくれた」という文がいくつかあったのである。これらの文には迫力があった。
推定できることは一つ。「いじめ」が激しく行われたのである。
はげしく、いじめられたことのある人、手をあげなさい
何人かが手をあげた。
みんなは知ってましたか？
男の子は、全員「ハアーイ」というように手をあげた。女の子は、数人がひっそりと手をあげた。女の子の手のあげ方に「いじめ」の「組織性」を感じた。
いじめられた人がいるということは、いじめた人がいるということです
いじめた人が誰かは聞きません
もし、私は三年の時に悪いことをやったと思ったら日記に書いていらっしゃい
それで三年までのことは全部終わりにしましょう
しかし、これからそのような事があったら絶対に先生は許しません
子どもたちは、ピーンとしたような姿勢で聞いていた。

11 反抗期こそビッグチャンス

★ギャングエイジとは大人への「ぶつかり稽古」

いじめられた子はさぞやつらく悲しかったことであろう。
家の方も心を痛められたことであろう。

また、いじめた子も心ぼそくさびしかったことであろう。「いじめ」の組織は、「やらないと仲間はずれにするわよ」という心ぼそさによって支えられているのだ。
幼児から少年・少女になる時子どもは自分の世界を広げようとする。大人の世界に入ろうとする。静かに入るのではない。批判・ぶつかりながら入ろうとする。これが反抗期である。
一方、大人への「ぶつかり稽古」は、一対一では無理である。だから子どもは集団でぶつかろうとする。この年代のことを「ギャング・エイジ」とよぶのはそのためだ。
「わるさ」や「いじめ」「万引き」は、それ故に生じるのである。この年代の万引きは大人への挑戦であり、盗みの意識もうすい。
もちろん「いじめ」も「万引き」も悪い。しかし、それらは成長過程の一つのトラブルである。適切に解決すれば、またとない得がたい教育となる。
子どもたちの成長をしっかりと支えられる親たちであってほしいと思う。
これが担任をして三日目の私の親たちに対するお願いである。

12 娘がいじめに —母親の訴え

★「いじめ救済」に教師はあてにならない?!

次の文は、ある母親の回想です。我が子のいじめに立ち向かう母親の姿は切々として心に迫ります。しかし、「いじめ」に対して、母親は何と無力なのでしょうか。

思いおこせば、五年の二学期のことでした。あれは娘が
私の子どもが、いじめにあってるなんて、どうしても信じられませんでした。
近所からも親類からも誰からも、多数の人達から愛され、かわいがられ続けてきた子なのに…。
信じられない！
絶対まちがってる！
何かのまちがいでしょ！
でも、事実だった。クラスメイトから知らされた。身体があつくなった。その夜、先生にデンワを入れた。「気をつけてみていてほしい」と……お願いした。
先生は気づいていなかった。
不安だった。
現実に、私の子どもの身の上におこっていた。「私が守ってあげるから、大丈夫だから」と心の中でさけんでいた。
娘は、その事については、余り積極的に話そうとしない。口が重く、私が聞いた事だけに返事をした。

●8章　まんがで知る
「いじめの構造を破壊せよ」

13 いじめの実態を把握する

★いじめを許さない強い意志をもつ

私は同級生や近所の子どもたちに聞いて歩いた。いろんなことが分かってショックだった。とめどなく涙が出た。あふれた。

テレビで話題になっている「いじめ方」とよく似ていた。
クツかくし
よびだしの手紙
体育館のうらに来い バーカ
トイレのぞき
遠足の前日、娘が泣きながら言った。
お母さん 明日 行きたくない
先生は次のように指示したのだった。
明日のバスの席順は好きな子同士で組むように
娘は当然一人である。
一番前の席で、娘は下を向いて、泣いていたそうだ。様子が目に見えるようだった。と同時に
先生に対して、私は腹が立った。
先生も分かっていながら、どうして⁉
もう行かなくてもいい!! 明日から学校へ行かなくていいから 家庭教師でも何でも、勉強する方法なんか、あるんだから お母さんが行かせないからね

14 なんと、先生も共犯！

★いじめの訴えは
最大級の重大事件である

私はいつもひかえめで中立の立場であろう友達に電話した。
明日の遠足は休ませるから明日、先生につたえてね
友達は「はい」と言ってくれた。理由が分かっていたのだろう。

おりかえし、先生に連絡をしてくれたらしい。一時間ほどで、先生が見えた。
電話がありまして…
バスの席順はどうしてあのような決め方だったのですか
ああすることで自分の存在がどこにあるか分かったでしょう
何だか、先生も一緒になって娘をいじめるように思えた。
一度授業をつぶしてでもクラスで話し合っていただけませんか
少し待って下さい逆の結果をまねくこともありますから
時計は十一時を回っていた。
とにかく明日は行こう
これのくりかえしだった。
時間的にもいやいやだったろうと思うが娘はうなずいた。
先生が帰ると、娘は布団に入った。すぐ「ねいき」がきこえた。頭をなでながら私はまた泣いていた。
あんたはえらいよもう一日がんばるんだもん

●8章　まんがで知る
「いじめの構造を破壊せよ」

15 特に原因はない？

★いじめを発見出来るのは教師の技量

十二月初旬。ある子のボールペンがなくなった。それと同じボールペンをもっているのは娘だけ。
あなたでしょどろぼうしたの
実は、ボールペンをなくしたという子は、家においてあったそうだ。

よく日、これがきっかけで、先生は三つのグループに分け、別々の場所で話し合いが行われた。
一応、みんなわかってくれて反省したようだ。娘にも小さい声だが、あやまってくれた。
何が原因で、いじめがはじまったのでしょう？
特に原因はありません
原因までは、子どもたちは、この先生に話す気にはなれなかったのだろう。
お母さん、あの先生に相談してもムダだよ みんなバカにしてるから…… 上手に悪いことすれば絶対わからないし
なるほど、そういえば、何かおきても、後から人にきいてわかるもの、と思った。
頭のいい子のいうことは、絶対信じて
他の子には頭から叱りつける。
子どもの目から見た先生の存在だった。
五年生終わりの春休み。
いやだなあ また六年も同じ先生か 四年生まであんなに楽しかったのに…
ひっこししようかしら…
先生の異動の新聞記事。
あの先生異動してないかしら…
残念だった。そして、新学期がきた。

16 解決できない教師とは

★知的なふんい気が子ども・クラスを変える

私はこの手記を読みながら涙が出て止まりませんでした。
この担任の先生は悪い先生なのでしょうか？
「頭のいい子は絶対信じて、他の子には頭から叱りつける」先生だったようです。
だから、子どもたちの信頼もありませんでした。

でも遠足の前日、家を訪れ、夜遅くまで説得しています。また、グループでの話し合いをさせています。
いじめられた子に、一人の友人もつけています。
こう考えると、「立派な先生」とは言えないかもしれないけれど、それなりに熱心な先生だったのでしょう。
このような先生はどこにでもいます。
しかし「いじめ」は解決できませんでした。
最後になって、親が願ったのは、ただただ「担任がかわる」というその一点でした。
そして始業式の日。
祈りが天に通じたのか、新学期、娘は家にかけ込んできた。担任がかわった。
ただいま、お母さん
先生かわった、
先生がかわったよ
今日、おもしろかったよ
たった二時間ほどの学校の様子をあれこれと早口に教えてくれた。
よく日から娘が帰ってくるのが待ちどおしかった。
お腹の底から娘が笑っている。
心の「やすらぎ」を感じた。
学級新聞、まとめて三枚。その中に「いじめ」のことが書かれていた。
先生、前のこと知っていたんだなあ
それから二週間ほどで先生からデンワが入り、少し早い家庭訪問。
気にかけてもらっていると思うだけでうれしかった。

17 新担任の新方針とは

★事実を創ることこそ教師の仕事である

新しい先生は、五年の時から娘の変化に気づいてくれた。
くじ引きじゃないけれど、
当たりはずれって
こんな所でも言えると思った。

責任をもってお子さんを預かります
あの力強い言葉を私は信頼していた。
家の中でも、娘がとびきり明るかった。夜も、よく眠れるようになった。アトピーも次第に和らいでいた。
こんにちは
いじめのリーダーだと思い込んでいた子が遊びにきてくれた。私もドキドキ。娘もぎこちない。
私まで仲間に入れてくれた。にぎやかだった。
実におもしろかった。テレビドラマや歌手の話題。みんな物知りだ。いい意味で何のえんりょもない、子どもらしい子どもだった。
この間の日曜日みんなでケーキを作った。ケーキは成功。楽しかったと言ってくれた。この姿が、現在の私たちなのだ。つらい日が過ぎ去って本当によかった。
長い期間に及んだ「いじめ」から、遠ざかることができた。
六年生、先生でよかった。
先生、心からありがとう。

18「いじめ」の責任は教師だ

★「いじめ」に学校として組織的に対応しよう

私はいじめの責任は教師にあると思います。
ただ「いじめの発生」を防ぐのは、いかなる教師にとっても不可能に近いことでしょう。
教師

いじめは、どこでも発生しますが、良い教師はすぐに解決します。
それは次のようだからです。
◎いじめを早期に発見する。
いじめ
◎すぐに手を打つ。
いじめ
◎「やる手やる手」がつぼを得ている。
いじめ
技量の低い教師は「いじめ」をのさばらせます。
それは次のようだからです。
◎いじめの発見が遅れる。
いじめ
◎なかなか手を打たない。
いじめ
◎ピントはずれの手をやる。
いじめ
最近、「いじめ」の例を五つぐらい聞きました。すべて「中学」でした。
結論を言うと「教師の対応が話にならない」ということです。
中学の教師は忙しいのだそうです。
大切な子どものことをさしおいて一体、何が忙しいというのでしょう

19 中学のいじめの特徴

★「いじめ」は人の一生を変えてしまう…

中学二年の男の子が同級生にいじめられました。
心優しい子だからいじめられたのでしょう。髪の毛をひきぬかれました。

帰宅後、外科医にかかりました。大きな注射器にいっぱい血をぬきました。
頭部のはれは引かず、次の日も血をぬきました。

数日後もはれは引きません。
これはおかしい普通の傷ではない
手術が必要かもしれない
男の子は学校でかなりの重傷を負ったわけですが、学校からは何の連絡もありません。

この一週間の出来事を「教師は知らなかった」ということでした。
そうだったんですか？
事の真相を知っても、学校の対応はにぶいものでした。

頭痛がする…学校に行きたくない
進学
この段階で両親は「学校へ行かなくてもいい」と決意します。

私は次のアドバイスをしました。
次の二つを学校に申し入れなさい
①校長が挨拶に来る
②加害者の親に事情を言う
そしてつけ加えました。
もしその二つができないのであればこれは教育上の事件ではなく刑事上の事件です警察に被害届を出します

この申し入れをきっかけに動き出しました。加害者の親もびっくりしてとんできました。「いじめ」は時として人生を変えてしまうのです。その痛みを「学校」は持っていないようです。

20 学校だけで解決できない時も

★時にはきびしい現実を話すべきだ

私の友人の娘が、中学校で
男の子に殴られ、救急車で
運ばれるという事件があった。

殴った子は、力士のように身体の
大きな子で、その中学の番長だ。
友人は事態についての電話が
かかった時、学校に次のように
たのんだ。
お話は分かりました
私としては、傷害事件が
学校で発生したと思いま
すので、警察に電話を
して下さい

急いで友人は
学校へ行くと
校長室に
通された。
まだ警察には行ってません
学校の手落ちですので
どうか待って下さい
これを
聞いて
友人は
静かに
次のように言った。

先生方の努力に感謝して
おります
先生方をせめる気は
全くありません
ただ、身体の大きい
人間が、女の子を殴り
とばし、救急車で運ばれ
たのです
これは傷害事件です
やった方も、そのくらいは
分かるでしょう

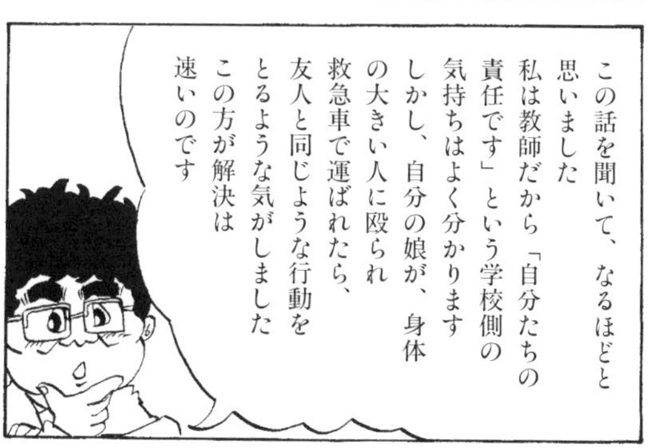
この話を聞いて、なるほどと
思いました
私は教師だから「自分たちの
責任です」という学校側の
気持ちはよく分かります
しかし、自分の娘が、身体
の大きい人に殴られ
救急車で運ばれたら、
友人と同じような行動を
とるような気がしました
この方が解決は
速いのです

「何をやってもいいわけではない」
ということを知らせるのは
「大人」の大切な仕事だと
思う。
「いじめ」のような
大きな問題を「学校」は
自分だけでかかえ、
しかも解決しなかった所が
けっこうあったということが、
問題を長びかせているように思う。
いじめ
社会
学校
家庭

21 相手を認めつつ あいまいにしない

★質の高い組織をつくるために

学生時代、私は学生運動の中で過ごした。
私は大学一年生の時、ある学生運動の団体の総責任者であった。

その団体では、どのくらいの質かを見るのに、次の三つの目やすを持っていた。
一 毎週の会議への出席率
二 機関紙・誌類への支払い
三 毎月の会費の支払い
学生運動の団体は、六〇%ぐらいが普通であった
100%
60%
私はこれを数か月ですべて一〇〇%にした。
では、私はどのようにして、これをやりとげたのだろうか。
会議に出ることは大切だから出て下さい
私はこんな機械的な押しつけはしなかった。
かわりに、相手の事情をよく聞いた。そして、相手の事情のほとんどを認めた。
やるべきことは多かった。他人の分までやっていると、いつの間にか一人、二人と少しずつ荷をかついでくれるのだった。
ただ「機関紙・誌」類の支払いだけは別にした。このような「もの」の支払いについてはきちんとすべきだ。
自分の持っている品を質に入れても支払って下さい
このような点を「あいまい」にすると、かえって大きな害をもたらす。こうして、私たちのところはきちんとした組織体になっていったのである。
大学時代一緒にやった人には、まじめな人が多かったし優秀な人が多かった。「まじめ」で「優秀」だからこそ、自分のやるべきことを一直線にやっていた。しかし、事態は好転しなかったのである。
教育の場面でも同じようなことがあるのではないだろうか。

22 問題点指摘で思考停止

★「温室育ち」では子どもは育たない！

「それをどうしたらいいか」という認識はあっても
「それをどのようにしたらいいか」という方法を欠いては何も成果はあがらないのである。
方法

彼は、また会議に出ていないなぁ
会議に出さなくちゃ
多くの人は「問題点をつかんだ」ことで止まってしまう。

会議に出て下さい
そこで「問題点をひっくり返しただけの方法」をとる。が、これでは解決にはならない。

少なくても事情を知らなくてはならない。
就職試験で忙しかったんです
そりゃあそっちが大切だ
相手の事情を丸ごと呑み込むのだ。

「事情も分かり」「事情を呑み込んで」その次の方法を考えるのである。
A それをどうしたらいいか。(課題の認識)
B それをどのようにしたらいいか。(解決の方法)
この二つはちがう。

教師にとって大切なのは、実は「B」なのである。
「課題を認識」するだけでなく
「解決の方法」までふみこむ
方法
認識

多くの場合、Aの正しさをもってBを免除し、その結果、解決どころか悪い結果を招いているのである。
俺はお前のことを考えているんだ

●8章　まんがで知る
「いじめの構造を破壊せよ」

23 4月初めに教師が語ること

★教室はまちがいを正し事実をみつけ出す場

多くの教師は「いじめ」に取り組んでいるが
それはせいぜい「課題を認識」したに過ぎなくて「解決の方法」までふみ込んでいないのである。
いじめ

四月、子どもの前に立った教師は人間の可能性をつぶしてしまうものへの闘い宣言を子どもの心にひびくようにしなくてはならない。

私は三つの話をした。第一はどのような科学であれ芸術であれ失敗の連続の中から作られたことを話した。失敗こそ、まちがいこそ人類を高めてきた要因であることを強調した。

第二は、人間の可能性について話をした。どの人間でもかくれた才能と可能性をもっていること、
そして、知識の量をかくとくする早さで判断してはいけないこと、
才能
可能性
才能
可能性

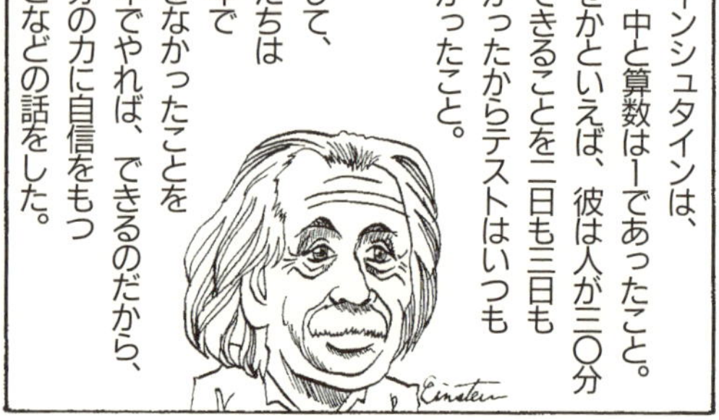
アインシュタインは、小・中と算数は1であったこと。なぜかといえば、彼は人が三〇分でできることを二日も三日もかかったからテストはいつも悪かったこと。
まして、君たちは三年でできなかったことを四年でやれば、できるのだから、自分の力に自信をもつことなどの話をした。
Einstein

そして、第三は、教室目標として次のことをかかげ説明した。
○教室はまちがいを正し事実をみつけ出す場。
○教室はまちがいをする子のためにこそある。
○教室にはまちがいをおそれる子は必要ではない。

24「いじめ」なくすシステムづくり

★「いじめ」が存在するのも「いじめ」がはびこるのもすべて教師の責任！

「いじめ」をなくすのは教師だけができる仕事です
「いじめ」が存在するのも「いじめ」がはびこるのもそれは教師の責任なのです

「いじめ」を語る教師…
そりゃあ私だって責任を感じてます
「いじめ」のことはいつも考えてますよ
それでは「いじめ」に対応する教育のシステムは教育課程の中でどのようになっていますか説明して下さい
うちの学校には特にないですねぇ
少なくとも文章にはなっていません……
これでは「いじめの話」もアマチュアのおしゃべりにすぎない。
プロとしての教師が「いじめ」に対応するというのは…このように「学校として」つまり「組織として」システムをもっているということなのだ。
明文化されたシステム
いじめ
なるほど明文化してあると共通理解できるなあ
学校全体で取り組めますね
教育課程
「明文化されたシステム」を検討するということがプロの教師のすべきことなのだ。

1 あいさつは自分から

★教師があいさつすれば子どももあいさつするようになる

あいさつがないわ…
…………

この学校の子どもってあいさつしませんねあきれました

そりゃあおとなしい子だっているよ
教師の方からあいさつすればいい

おはよう
教育の仕事は「教える」ことだけじゃない相手を包みこむようなことも大切なのだ。
おはようございます

おはよう
おはよう
おはよう
おはよう
お…おはよう…
やよい先生何かあったのかな?
恋人でもできたんじゃないの…

2 自分から教えてもらう

★わからないときは
同僚から謙虚に学ぶこと

この教材 どんな発問を すればいいのかなあ
まったく わからないなあ……

この学校の先生たちは ちっとも教えてくれないもんなあ
新卒教師に対して不親切だよなあ
教えてもらいたければ 自分から教わりに行くんだよ
わからない時は 自分から教えてもらう
そうね 考えてみれば 当たり前の ことなのに わたしって なんておばかさん……
ハナミズ出とるよ
私の考えた発問 どこを直したらいいでしょうか お教え下さい
ふむ ふむ
どうしても とび箱を とべない子が いるんですが……
ジュニア ボランティアについて 教えて下さい
要約指導は これでいいですか?
分析批評の指導案は これでいいでしょうか?
算数の T.T.の方法 について……

3 身銭を切れ

★大量に本を読み
一流の人と会おう

子どもたちも
したってくれるし……
授業も大体できる
ようになったし……
教育書は
買わなくても
大丈夫!!

そんなことで
知性的な
授業が
できるの
かなあ？
…………
本を買うのにもお金は
かかる。
研究会に出るのにも
お金はかかる。
会　計
しかし、自分の技量を
向上させたいのであれば、
身銭を切ることだ。
こんな教え方が
あったのか!!
明日やってみよう
子どもたち
熱中するだろうなあ
貯金全額おろして
本を買いました!!
やはり
こういうオチか……
研究会に出かけて行って
人に会うのもまた勉強だ。
あこがれの
有田和正先生!!
いろいろと
質問しちゃ
おうっと

4 10％多く努力せよ

★人並みにやっていれば、人並み程度の力しかつかない

わたしは朝だれよりも早く学校へ行きます
わたしってなんていい教師かしら

そしてだれよりもおそく学校にのこって仕事をしています
わたしって熱心な教師だわ
それで授業の腕は上がったの？
ギクッ
教師にとっての努力とは「授業をどうするか」が中心であるべきだ。人並にやっていれば、人並程度の力しか身につかない。しかし10％程度の努力ならやることができる。
問題なのは形ではなく中味である。「自己満足」ではなく「自己の変革」をせまる努力だ。
たとえば自分自身の授業の録音カセットを毎日一時間聞いてみる
なるほど…
よし今日の私の国語の授業を聞いてみよう
はずかしいからヘッドフォンで…
……
あまりのひどさに気をうしなっている。

5 研究授業は進んでやれ

★研究授業を逃げる教師はますます駄目になる

どなたか研究授業をやってみませんか?
やだよー…。

どなたもご希望なさらないのなら私に全部やらせていただけませんか
研究授業は誰だって嫌である。
どれだけ経験をしようとプレッシャーはかかる。しかし……
だからこそ成長するのである。
はい! わたしもやります!
教師の技量が伸びる場の中心は研究授業である。
それではぼくもやります
わたしもぜひ!!
研究授業をいやがる教師の技量は低い——。
これでわたしも一人前ですたい!!
うははは
わたしは研究授業を自分からすすんでひきうけました。
研究授業はこれからだよ…。

●10章　プロ教師の条件
—願いの強さと実行する力

1 我流を排し基本を学ぶ

★本を読まなくても
自分流でもけっこう
やれるじゃない…

今日の授業はうまくいったわ
本を読まなくても自分流でもけっこうやれるじゃない

我流で
大丈夫かな？
今回はちょっとちがうな
基本のできていない人間、我流でやった人間は駄目である。
我流でやったものは少しいいかなと思ってもすぐに行き詰まってしまう。
しかし、基本ができていればずっと伸びていけるのである。
自分の方法
基本
まずは我流を排すことだ
行き詰まったらもう一度基本からやり直すわけですね
よーし基本からやり直しだ!!
やよい先生何をやってんの？
基本練習です
「素振り」はかなり上達しました
またカンちがいしとるな

2 目安は研究授業の回数

★一単元分全部の授業を記録する—というのは当然のことである

研究授業百回がプロ教師の目やすですか？
研究授業百回
私は教師としての腕の基準を研究授業の回数においてるんだ

若くて力もあり、やる気のある教師には、こんなことをたずねてみる。
二時間連続の研究授業とか小単元ぶっ通しの研究授業とかの経験はどのくらいおありですか？
ええっと……
二時間連続の研究授業の「二時間目」は「仕込み」がきかないのですね
そうだよ一時間だけならどうとでも料理できるし、演出もできる
しかし、連続する二時間目はそれができない。
さあ昨日の続きをどうやるのかな……
うーん「仕込み」なしでやらなくちゃ…
私は附属小学校が立派であるかどうかを「理念」では判断しない
どこの附属小学校だって長い歴史があり、立派なことを言っているのだ
新潟大学附属新潟小学校の公開発表は二日間連続であり二日目は一日目の続きを公開する
附属小学校のこうした姿勢は県全体に影響を与えていく「授業」「研究」に対する真剣さは「事実」で表れてくるのである
あんなこと言ってますけど
……
→前田康裕（元・熊本大学附属小学校教諭）

3 出発は「まね」から

★先人から学ぶ、
先人と闘う修業を超えて、
しかる後に

授業の腕を上げるには基本を学ばなければならない。先達のまねをし、先達から学ぶのである。
ところが……

やよい先生、人の実践にたよっていてはいけないよ
他人に影響されて自分のやり方ができなくなるぞ
このように教育業界では「他人のまねをする」ことを軽んずる風潮が一部にある。我流でそこそこ仕事をしている（と思っている）人に多い。
どんな道でもプロ修業をする人は、先達から学ぶのは当り前だ。だから、そんなばかなことは言わない。
自分の道
プロは一度は、先人から学ぶ。または、先人と闘うという修業を越えて
しかる後に、自分の道をつくっていくのである。
よーし　まねから　はじめ　ようっと
やよい先生何をやってんの？
向山先生のまねです
授業がうまくなるかしら…
………

4 「師」を持とう

★原理…原則を教えてくれる師匠をさがすことから始めよ

先達に学ぶという点では
やはり師匠を持つのが
いいのです
原理・原則を
教えてくれる師匠を
さがすことです

私にとっての師は一人。
石川正三郎氏である。
新卒の時の校長だ。
よく屋台酒を
飲んだ。
どれだけ話しても教育のことだけ。
私は同じ話を何度
聞いても楽しかった。
師
何度
話しても
芯がぶれない
というのは土性骨が
できているからである。
どんな地方にも
どんな学校にも
すばらしい
教師はいる。
そういう人と
出会ったら
自分から出掛けて
教えをうけることだ。
私の師は
やはり
向山先生です
私はこんな
ひどい弟子を
持った
おぼえは
あり
ません
…………
え……そこまで
言うか……

5 定石・原則を学ぶことから

★定石を学ぶことは名人の思想を学ぶことだ

有田先生のこの発問は面白そうだわ
「定石」「原則」を学ぶことなしに上達はしない。

バスの運転手さんはどこを見て運転していますか？
ハイ
ハイ
有田先生はこんな見方・考え方で授業をつくるんだわ
定石を学ぶということは技術の習得だけでなく思想も学ぶということである。
定石
定石
定石
定石
一方、名人は、定石を身につけ定石を忘れる。
「名人に定石なし」という言葉があるのだ。
名人は定石そのものと考えてもいいし、今までの定石を否定して新しい定石をつくっていくと考えてもいい。
新しい定石
授業の名人クラスになるための条件とは何ですか？
条件の一つとして「公開授業・研究授業」の回数が…
五百回から千回!!
………

●10章　プロ教師の条件
―願いの強さと実行する力

6 教師の実力の正体

★「実力のある教師になりたい」
と思わなければ
「実力のある教師」
にはなれない

世の中には「実力のある教師」がいるよね「実力のちがい」は歴然としている
たしかにそれは言えますよね「実力のある教師」は、どこがちがうのでしょう？

そのちがいは自分自身が「実力のある教師になりたい」と思う願いの強さであーる!!
願いの強さ
どんな動機であるにせよ
私は平凡な教師でいい
と思っている教師よりも
実力のある教師になりたい!!
と思っている教師の方が百倍も千倍もいい。
教師は自分も学び続けてこそ
人に教えるという恐ろしい仕事が許されるからだ。
そして、実力ある教師は、
子どもにとって価値ある教師になりたい
という最も教師らしい願いから出発していることが多い。
「実力ある教師になりたい」と思わなければ
「実力ある教師」にはなれないのだ!!
ズババーン
よーし強く願うぞ!!
実力教師大願成就
ナンマイダー
アーメン
………

7 実行する力

**★願いが大きければ
何かを犠牲にしなければ
ならない**

実力のある教師になるためには、強い願いの次に、それを実行することが必要だよ
実力教師
大願成就

実力をつける方法を考え出しそれを実行しなければならない。そして、その方法で大丈夫かどうかということを吟味しなければならない。
法則化運動では明確な基準として黒帯六条件を示してある
1. すぐれた技術・方法を身につける(100)
2. 追試から学ぶ(100)
3. 応募論文を書く(100本)
4. 研究会に参加する(100回)
5. 研究授業をする(100回)
6. 身銭を切って学ぶ(100万円)
もちろんこれ以外の方法もあるだろう
でも、一日二十四時間でそんなに「実行」できるものなんですか？
願いが大きければ何かを犠牲にしなくてはならないだろう
たとえば、私はテレビを見ない一年間のうち一回か二回見るくらいだ
…………
そういえば野口芳宏先生も「テレビは見ない」とおっしゃっていたなあ
禁テレビ
よし、私も実行するためにテレビを犠牲にしよう!!
というわけで、テレビ番組は見ないで、ビデオを見ることにしました
やっぱりこういうオチか

8 すぐれた教師の正体

★実現するための小さなステップを用意すること！

人間とは元来なまけものだ。そんなに長い努力を続けられるものではない。

そのために、実現するための小さなステップを用意することだ。
一つ一つの小さな（しかし明確な）目標をクリアしていくことである。
研究授業5回
研究会10回
そんな意味で、すぐれた教師の本質は、すぐれた技術・方法のみにあるのではない。
すぐれた技術・方法を生むに至ったロマンと実行力のすばらしさにもあるのである。
ロマンと実行力
すぐれた教師が見せるさまざまな技術・方法――それを学ぶのはむろん大切だ。
ロマンと実行力
しかし、それとともに、そのような技術・方法を身につけるまでに至ったその教師の志の高さと実行する行動力も見なくてはならない。
「ロマンと実行力」か……私にも「ロマン」はあるから
あとは「実行力」ね
で、いつから実行しましょうか？
来年度からでも
今すぐやるの!!

9 技術は思いを内包する

★子どもへの思いさえあればいつか技術は身につく?!

私も「子どもに漢字の習得をさせたい」という「思い」はたくさんあるんですけどね…
思い
思い
思い
思い
思い

そう「思い」は「尊い」
「尊い」「思い」に比べれば「狭い欄に漢字の読み方を書かせる」という指導技術は小さいものだ
しかし「尊い」「思い」だけでは、何の意味もない。何の実践も生みはしない。
……
思い
それを「具体化する方法・技術」を伴って、初めて意味を持つのである。
教育は技術ではないのです
子どもたちへの「思い」さえあればいつしか「技術」は身につけられるのです
こういうことを言う人がいるが二つの点でまちがっている
第一は、私たちは「今、現在教えている子を何とかする」ことを最優先するからである。
もう一つ。「すぐれた技術・方法」は、実は「尊い」「思い」の「具体化だ」ということである。
技術
思い
「技術」は「思い」を内包するのだ。
ということはすぐれた技術・方法を学ぶことによって内包される「思い」も学ぶことができますね
そうだね逆から考えることもまた大切なことだ

10 プロの３条件

★技術を知ることと
技術を使いこなすことは
同じじゃない！

技術を知ることと技術を使いこなすことは同じことではないよ「プロの三条件」を知ってるかな？
「プロの三条件」ですか？……

プロの最低条件
すぐに使える技術をできる限り多く身につけることだ
なるほどとび箱の開脚とびの指導はこうやるのか
ついでに閉脚とびの指導技術も知っておこう
プロの基本条件
すぐに使えない技術を身につける努力をすることつまり修業を続けることだ
ぼくはこう思います
予想外の面白い意見だわ
この意見で授業の展開を変えてみよう
プロの使命を自覚したプロの条件
すぐに使えない技術をすぐに使える技術に改良し未熟な技術を育てることだ
先週やった分数指導の発問だけど
発問を少し変える必要があったんだよね
ぼくは次のように改良してみたんだよ

11 少しの違いに見えるが

★「両手を高く上げる」→「天井からひっぱられるように上げてみよう」

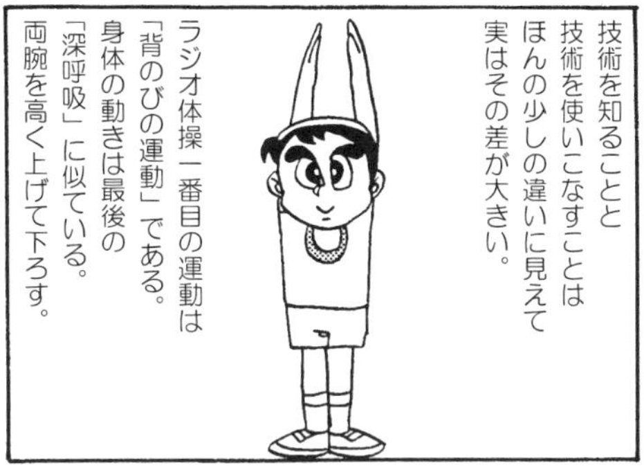
技術を知ることと
技術を使いこなすことは
ほんの少しの違いに見えて
実はその差が大きい。
ラジオ体操一番目の運動は
「背のびの運動」である。
身体の動きは最後の
「深呼吸」に似ている。
両腕を高く上げて下ろす。

このニつの運動が同じ動きに
なってしまわないように
きちんと教えることは
実は大変なことだ。
「背のびの運動」では…。
両手を 高く上げて ごらんなさい
二十点 それだけでは 十分に 伸びない
たしかに両手が上がれば
背すじは一応伸びる。
しかし、これだけでは
十分に伸びているとは
言えない。
天井から ひっぱられるように 上げてみよう
七十点 おぬし なかなかやるな！
こうやると、背すじが
ぐっと伸びてくる。
技術を使いこなせる人は
ここで、もう一押しする。
もっと ひっぱられるように
天井から つりさげられる ように
これが 技術を 使いこなすと いうことだ

12 成功する人の条件

★アマ教師には見えない授業技術とは

ソニーの品質信頼性本部長の（当時）星氏と会った。
向山先生の本を何冊か読ませてもらっていますぜひお会いしたいと思っていました

成功する人の条件とは何でしょう？
「やるべきことをすぐにやる人」です
この仕事は明日でもできるから明日やろう
この仕事は今日できるから今すぐにやろう
成功しない人
成功する人
問題は「やらなくてもいいことをやる人」です
幹部の条件とは何でしょう
二つあります
第一は、
ものごとを二つに分けることのできる能力
たとえば、「事実」と「考え」、「できること」と「できないこと」に分ける。
分数のかけ算がよくできない子は何人いたっけ
確かにあることが「できる子」と「できない子」をはっきりと認識している教師は少ない。「優等生」と「劣等生」に分けているにすぎない。
第二は、
二つに分けた上で、問題を設定できる能力
確かに問題を設定できれば、それで半分は解決したと言っていい。
事件は生じたのだが、どこが問題なのかまるで分かっていない人がいる。ダラダラとした報告もよくある。
一、誰のことか
二、何のことか
三、どこのことか
四、いつのことか
五、どれくらいのことか
はっきりさせよ
実は、私は小学校のころ作文が書けなかったんです書き方を習いませんでした
「教え方」に問題があったのでしょう現代の国語教育への大きな問題提起のように思えます

13 アマには見えない技術

★男の子と女の子に手をつながせる—向山のワザ！

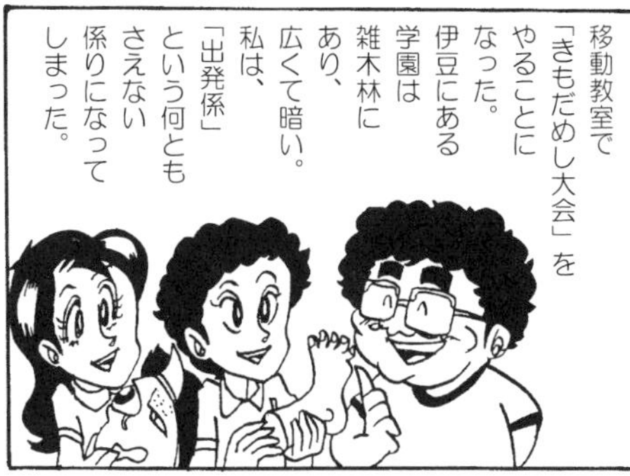
移動教室で「きもだめし大会」をやることになった。
伊豆にある学園は雑木林にあり、広くて暗い。
私は、「出発係」という何ともさえない係りになってしまった。

子どもは男女のペアで行く。手をつながせようとしてもはずかしがってうけつけない。
いやです
そんなことできません
私は、順番待ちをしている列を、十メートル後方にさげた。そして、次に出発する二人を谷底への入口近くによびよせた。
谷底への入り口→
（まっくら）
10m
次に出発する二人
私
順番待ちの列
もう、絶対にうしろをふりかえってはいけません
ゆっくり四十秒まで数えなさい
私も一緒に「低い声」で数える。
ろーく、しーち、はーち、きゅう、じゅーう
手をつなぎなさい
じゅういち　じゅうに……
十の次に「手をつなぎなさい」を入れて、そのまま続ける。
みんな、さっと手をつないだのである。
「きもだめし」は大成功！
大丈夫よ
「暗闇に立つ向山先生」の姿がよほどこわかったにちがいない……

14 法則化のコツ

★単純・明快・誰でも分かる・
どこでもできる・
やさしい…5つの特徴

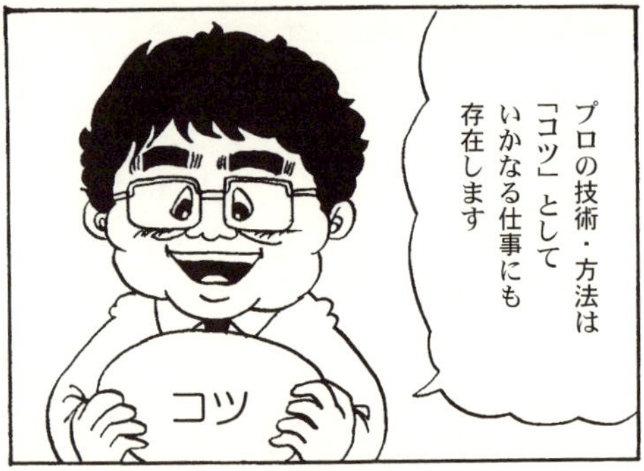
プロの技術・方法は「コツ」として
いかなる仕事にも
存在します
コツ

コンサルタントの
船井幸雄氏は、
「よいコツ」の
五つの特徴を
述べているんだ
①単純
②明快
③誰でも分かる
④誰でも
どこでも
できる
⑤やさしい
実に明快ですね
向山式とび箱指導は、
「よいコツ」に入りそうだ。
酒井式
描画
指導法も
五色百人一首も
向山式要約指導法も…
法則化運動が開発した
「技術・方法」にはこのような
ものがたくさんある。
学校の研究は
どうでしょう？
研究紀要は、単純明快で
誰でも実行できますか？
むずかしくて
効果があいまい
だなあ
研究紀要
学校の
研究紀要って
分かりにくいと
思いませんか？

15 ついている人

★ついている人に共通している性格は「すなお」

世の中には「ついている人」と「ついていない人」とがいますよね
そうだね

ついている人に共通している性格は「すなお」ということなんだ
「すなお」……
たとえば、研究授業が終わった後、自分から尊敬する先輩に頭を下げて「教えてください」と言える人は「すなお」な人だろう。
今日の授業の改善点を教えてください
「すなお」な人には、いろいろな人が手をさしのべてくれる。
やよい先生、いい教育書を見つけたの
わー！ありがとうございます
「ついている人」というのは、つまり「多くの人」が集まってくる人であり、多くの人が「この人のためなら」と思える人である。
すなおな人
さらには、人相もよくなる。
すなおなやよい先生
ありがとうございます
すなおじゃないやよい先生
けっ
しかも、声もよくなる。あたたかい、ゆっくりした、声になるのだ。電話の声だけで、相手の教師の力量が分かる気さえする。
よーし！これからは「すなお」さだけで世の中を渡っていきます
すなおな人
やはりこういうオチか……

16 よくなるコツ・悪くなるコツ

★不平不満・悲しんだり怒ったり・恐れたり・悪口を言ったり！ではネ

「よいコツ」があるのだから「よくないコツ」というのもあるのでしょうか？
船井幸雄氏によれば「効果のないコツ」と「悪くなるコツ」の二つがある

「効果のないコツ」には、次のような特性がある
①複雑である。
②怪奇である。
③なかなか理解できない。
④実行も難しい。
⑤ある特定のことにしか通用しない。
⑥効果もあまりはっきりしない。
ちっともよく分からない……
うーん学校の研究紀要みたいですね
「悪くなるコツ」もあるんだ
不平不満ばかりを言ったり
悲しんだり怒ったり恐れたり
人の悪口を言ったり
人の足を引っ張ったりする
「人の足を引っ張ったり」する人は、もともとマイナス志向だ。
人のよいところが見えないしジェラシーも強い。
人の悪いところ
そういう人に「つき」がくることはほとんどない
ん……？
………
つき

●10章　プロ教師の条件
—願いの強さと実行する力

17 教師の技量には差がある

★「これが出来ればプロ」という論点が出されなかったからこんなことに—

教師の技量は人によって違う。算数が得意な教師もいれば
3+12=
12÷4=
体育が得意な教師もいる。

合唱指導を上手にできる人もいれば
いくら指導をしても合唱が上手にならない指導をする教師もいる。
わたしだって音楽や国語の指導は得意ですけど算数の指導は苦手です
そうそういうことは当然あることなんだ
しかし当然だからといって問題にしなくていいのだろうか？
問題にすべきでしょうねえ………
たとえば、その人に習うと「何人かの登校拒否が出る」という先生がいる。
体罰をしたり、ひどいひいきをしたりするという原因があるはずだ。これは問題にしなくてはならない。
むろん、未熟がもたらす問題もある。新卒教師が勉強をして経験を積んでいけば改善されていく。しかし、十年二十年と経験を積んで「クラスが大荒れになる」のだったら、問題はまたちがってくる。教師としての技量に問題があったわけだ。
勉強しよう
おれはプロ教師
教育界では従来から「これができればプロ」というような論点が出されなかったからだこれは大変に困ることなんだ
つづく

18 初段の腕の基準

★技術は「百」は持っていることだなァ

授業の名人とは研究授業公開授業を五百回から千回やった教師のことを言うんだ
五百回から千回……
うーん……それでは初段程度になるためにはどんな基準が必要でしょうか？

たとえば次のような技術を百は持っていることだ
遠足のバスの中で子どもが何時間も熱中するゲームを五つ述べて下さい。
全校を集めた時、三十秒ぐらいで全員を集中させる方法を五つ述べて下さい。
かけ算九九の指導方法を五通り述べて下さい。
にさんがろく にしがはち
毎日十五分位一週間練習して逆上がりができない子をできるようにさせる方法を二つ述べて下さい。(成功率八割)
名詩・名文を楽しく短時間で暗唱させる方法を二つ述べて下さい。
向山式とび箱指導以外に全員を開脚とびができるようにさせる方法を三つ述べて下さい。
これらの問いに百くらい答えられれば初段程度と言えるだろうね
え…ええそうですねえ
一つも言えないよー
よーし！初段めざしてがんばって勉強するぞ！
法則化運動の発展によりここに書いた技術や方法は常識化されました。「プロの腕」を持っている人が、増えたということでもあります

19 初段の腕の基準の追補

★未だに難しい理論書を読んだからエライ?! と思う教師もいるのだ…

教師初段の腕の基準をもう少しだけ追加してみたんだ
私にできるかしら……

バスの運転手さんの仕事を教えます。どう発問しますか。
郵便について教えます。手紙を出してから配達されるまでに何人の人に世話になりますか。どの部分を指導しますか。
全員の子どもが熱中する漢字ゲームを三つ言いなさい。
古
吉
早
新出「飛」をどう指導しますか。指導方法を述べなさい。
飛
次の詩で五時間の授業をします。発問を示しなさい。
春　安西冬衛
てふてふが一匹韃靼海峡を渡って行った
次の詩で三時間の授業をします。発問を示しなさい。
雪　三好達治
太郎を眠らせ、太郎の屋根に雪ふりつむ。
次郎を眠らせ、次郎の屋根に雪ふりつむ。
こうした基準を知って
少しでもプロに近づくためにがんばろうっと
と思うタイプの教師と
こんな片々の技術で教師の力量をはかられてたまるか!
おれなんか難しい理論書を読んだことがあるんだからな
と思うタイプの教師とでは
力量の差がはっきりでるでしょう
今でも教育技術を軽視する人はいるのです

20 教師の授業中の行為

★「引き出す」「教える」「考えさせる」「養う」
—ガンバリましょう！

すぐれた教育思想を具体化する授業とはどのようなものでしょうか？
以下の四つにまとめてみたんだよ

一　教師は子どもの力を引き出す。
二　教師は子どもに知識や技を教える。
上
下
右
左
三　教師は子どもに知的興奮を与える。
四　教師は子どもを包み込む。
これを「引き出す」「教える」「考えさせる」「養う」と表現してもいい
覚えやすいですね！
そのためには教師として常に謙虚に学び続ける必要がありますがんばりましょうね！
みなさんプロ教師をめざしてがんばりましょう

1 学年漢字コンクール

★家でもプリントから10問だけ出してテストして下さい！

学年末、師尾先生の提案で「学年漢字テストコンクール」を実施することになった。
熟語にしておよそ「二百」を一枚のプリントにしました
これを前もって子どもに渡して、練習させておくのですね

そこで、私は次のように取り組んだ。漢字ノートを出させて、「ふり仮名用の細長い部分」に「読み方」を書かせた。読みの練習である。
全部終わると、プリントをしまわせ、読み仮名を見ながら漢字を書かせた。テストの形になっている。そして、自分で採点。まちがえた字は正しく書かせて、覚えるまでノートに練習させた。
以上の練習は、二時間かかった。練習が終わらない子は、放課後残って練習していくことになる。師尾先生は子どもたちのノートを見て——。
このようにやるんですか…私あせっちゃうなあ
次の日は保護者会。
学年のまとめのテストをやるつもりです家でもプリントから十問だけを出してテストして下さい
十問だけなら、どの親もやってくれる。
十問やれば、子どもの傾向は分かる。それが波及効果になる。
次の日は二十問のミニテスト。
一問まちがえたら、二百の熟語を一回書いてもらいます ボーナス問題を含めて二十問できていればいいです
合計二十二問。こうして三日の間、ミニテストをしていった。（つづく）

2 子ども同士の採点は

★「きびしく見てください」ただしバツは先生がつけます！

学年で二百問の統一漢字テストを行った。私は一時間でやった。ねばっている子には休み時間にも続けさせた。

さて、二百問の採点である。自分で採点すると丸一日つぶれてしまう。しかし、子どもだけに採点させるのも考えものだ。次の日私は隣の子と答案を交換させて子どもに丸をつけさせた。そして、次のように言った。

きびしく見てください
ただし、バツは先生がつけます
まちがえていたら先生の所に持ってきて下さい

これで、「漢字採点」の大切な場面に教師は関与できることになる。
公平さ正確さも保てる。子どもも勉強になる。採点は二十分で終了した。

テストの結果は、二百問全部正解が四名で、まちがいが十問以内が大半だった。まちがいが二十問以上の子が一名だった。
これは、かなりの成績だ。
95
98
100

学年全体で「まとめの漢字テストをする」ということを実施したことに意味がある。これは、できそうでいてできない。教師同士が意識するからだ。採点の結果も公表した。これも、できそうでできない。自分の実践もすべて公開した。これも、できそうでできない。
まとめの漢字テスト

しかし、「できそうでできないこと」を教師集団がすると、子どもは救われる。「基礎学力」を保証されるからである。
基礎学力

3 学習システムづくりが第一歩

★教師が「教える」ということはあまりしないのに実力がつくのは…

私のクラスの結果を見て師尾先生が子どもに言った。
とてもいい成績ね
向山先生の教え方がいいからよ

でも向山先生は何も教えてくれないよ
そうだね
……ということがあったんですよ
へーっ！
なるほど
私は教師が教えるということをあまりしないんですよ
？
教師の仕事は「学習するシステムをつくる」のが第一で、「教える」のは第二であると思っている。
子どもが自分で勉強して、教師は時々相談にのるこういう形がいいのである。
プリントを配って「練習しなさい」と言っただけなんですけど
駄目だよ勉強していくステップをつくってやらなくちゃ
たとえば、熟語を見ながらまずノートに読み仮名を書かせる方法などだ。
学習システム
技術
方法
「学習システム」の中には、さまざまな「技術・方法」が含まれているのだ。

4 教える内容を一言でいう

★この授業で
何を教えたかったか
一言でいえればO.K!!

5 言葉を削ると不思議に

★これから朝の職員会議を始めさせていただきたいと思います…

授業にはリズムが大切だ心地よいリズムにのった授業は楽しい
リズム
しかしリズムが悪い授業も多い。

リズムをこわす原因は何でしょう?
一つ一つの指示・発問が長すぎることだ
よけいな言葉をつけ加えたがる。たとえば…
これから朝の職員会議を始めさせていただきたいと思います
次の言葉は不要だ
これから
朝の
思います
させていただきます
も職員間では必要ないだろう
するとこうなる。
職員会議を始めます
すっきり
小さな言葉でずいぶんとちがうものなのですね
教師はどうしていつもいつも分かりにくい言い方をするのか?
授業のリズムが悪いのは教師の「下手な話し方」「もってまわった言い方」「時間がかかる話し方」に原因があるのだ!
自分では気づかないっすからね
つづく

6 発問と指示は明確に

★答えを誘導する言い方をして途中で止める—のは

7 親が授業参観に来るのは

★我が子がまじめにやっていれば教師の支持者になるのだ

授業参観。
親は忙しいが参加する。

親は自分の子どもを見たいからわざわざ授業参観に来るのだ。
ついでにクラスの雰囲気も見ていく。
教師の指導もチラッと見て帰る。
我が子がまじめにやっていればその親は文句を言わない。
我が子が、よそ見をしていたり、できなかったら、「うちの子はしょうがない」と思う。
ぽー
わたしの子だからねえ……
なんとかしなくっちゃ
先生もっとがんばってよ
クラス中がひどかったりした時にはじめて担任の力量に目がいく。
だから担任批判が父母から出る時はクラスは相当ひどくなっている時だ。
親は我が子を見たいのですだから授業参観の授業は普段の授業とはちがった工夫が必要です
どうちがうのか？それは次回のお楽しみ！

8 向山の参観授業のネタ

★「笑い」があって
「知的」であって
「納得」がいって
心地良いスピード

向山先生は授業参観ではどんな授業を行ったのですか？
授業参観
それでは私の授業参観での授業を紹介しよう

まず「漢字の空がき」。三文字ほど練習したら私は教室の後ろに移動。子どもたちは親の方に向かう。どの親も自分の子を見つめる。
うちの子もがんばっているな
次に「口の体操」。
○医者と石屋を、言いちがえないようにお言い。
○川上から川風で体がかさかさになった、きゃしゃなかっぱ。
○となりの客はよく柿食う客だ。
と…となりの柿はよく客食う柿だ……あれっ？
どっ
教室は爆笑になる。
続いて「詩の暗唱」。
雨ニモ負ケズ風ニモ負ケズ……
この日は平家物語や曽根崎心中など五つの詩文を暗唱させた。
あんなにすらすら言えるとは！
そして五十音図。
ヒャ・ヒュ・ヒョの語がつく日本語を三つずつ書きなさい
面白い問題だなあ一緒になって考えちゃうよ
続いて阪田寛夫の「お経」の詩。すぐにパロディができる。
でんじゃあばあじゃあじいどうじゃあ!!
これは傑作！面白いなあ
さらに「群読」「俳句」と続けていく。
テンポは速いがデタラメではない「笑い」があって「知的」であって「納得」がいって心地良いスピードなんだ
モタモタした授業では駄目なんですよねえ
わたしにできるかしら…

9 ほめると欠陥も直せる

★掃除をサボってばかりいる
—なんて通知表を
もらっても親は
うれしくないヨ

10 得意なことをやる！

★売れないものを売ろうと力を入れれば入れる程落ちるのが当たり前の原則！

「良いところをもっと伸ばす」というのはすばらしい教育方法なんだ

たとえば商店の商品。
売れるものもあれば売れないものもある。
りんご
みかん
一番いけないのは今まで売れなかった商品に力を入れてもっと売る方法だ。
甘くておいしいみかんはいかが
この方法ではやればやるだけ反対の結果になる。
し〜ん
さぁリンゴの大量入荷だ
一番売れている商品をもっと大きく扱うと売り上げは向上する。
教師自身のことも同じだ
一番いいのは自分の得意な分野をまずやっていくことだ
私は将棋が好きなのでクラスに将棋をとり入れた。クラブもつくってきた。
好きなことは苦にならない。
将棋クラブでNHKのテレビに出演することもあった。
「良いもの」をとりあげると「良い結果」が出るようになるのだ
得意なことってあるっすか？
私は百人一首かなぁ

11 良いことはまねる

★他人のつきを
自分のつきに
していくのだ…

私のクラスでは百人一首をやっているのよ
ひゃ…百人一首っすか……

でも百枚もあるから時間がかかるでしょ？
今は「五色百人一首」というものがあって短い時間でもすぐにできるのよ
五色に分かれているから一セットが二十枚の対戦なのよ
百人一首は自分の得意なことなんだけど
これが子どもたちにも好評なのよ
じゃあぼくもまねしてやってみるっす
あまり得意じゃないっすけど……
ワーキャーワーワー
すごい！子どもたちが熱中しているっす！
数日後
保護者から感謝の手紙が届いたっすうれしいっす
このように「他の人がやってよかったもの」はやはりとりあげていくことが大切だ他人のつきを自分のつきにしていくんだ
「つき」っすかあ…
つき
というわけでもっと「つき」をくださいっす
………

12 トナリのクラスと落差

★子どもを叱る教師から自分の未熟を自覚する教師へ

児童集会で「七夕祭り」が行われた。
各クラスに大きな笹が配られ「七夕飾り」をつくることが求められる。

若い先生のクラスは熱気に満ちていて「ゼーンブ飾り」という感じだ。
図工の時間も学活の時間もかなり使ったもんね
うちのクラスは六年ということもあり他にやることもあったので時間をとらなかった。
みすぼらしい飾りである。願い事の短冊が少ない。書いた子は半分くらいだろう。
こんな場合君たちならどうする？
「どうして他の子は書かなかったんだ!」と叱ります
「あーぁ先生はがっかりしたわ」と嘆きます
たとえ私のクラスだけが飾りがみすぼらしかったとしてもそのことで子どもを叱ったことはない
すぐれた教師は教育の結果に対してそれが悪いことの場合は自分自身に矛先を向ける
自分が至らなかったからだと思い自分の技量不足未熟だったからだと思う
そこで子どもたちに何と言葉をかけるかが問題だ
うーん言葉かけかあ…
次回をお楽しみに

13 サボる子自戒の“語り”

★朝起きたら「今日すべきこと」を大切な順に個条書きにする…と

半分の子どもが短冊を出さなかったささやかな飾り。
見方によればみすぼらしいが子どもの中でけんめいに力を尽くした子の努力も入っている。

教師ならそうした努力の結果に心を動かされなくてはならない。
教師のつまらないメンツによって、小さな珠石が見えなくなるのである。
努力
私は短冊を下げた子をほめた。
短冊に願いを書いた人はこれからの人生で成功する人が多いんです
やった
えっ
オリンピックで金メダルをとるような人はどこかちがうのです
目標をはっきりと決めてそれを紙に書いてすぐに行動を始めることです
9秒以内
アメリカのある社長さんは次のように言います
朝おきたら今日すべきことを大切な順に個条書きにする
この方法でやってみたら大成功をしたそうです
こう考えてみると七夕祭りに願いを書くことは何か意味のあることのように思えてきます
昔の人の知恵なのです
これから先自分の願いや夢を心にうかべ何かに書くということを大切にしていくのですよ誰だって可能性を持っているんです
こういう話を、私はよくする。私の実践記録にはあまり出てこないけれど、教室の中ではよくされているのである。

14 けんか両成敗

★「どちらが先に手を出したのか」ポイントだけを聞く

子どものけんかって向山先生はどのように処理しますか？

まず、両者から事情を聞く。必ず両者から聞く。原則として聞くのは一度だけ。しかし、きちんと話させる。
けんかした二人は自分が正しいと思っている。こうした話を延々と聞いていてはこじれるばかりである。
二人から聞いてよく分からない場合は教師が質問する。「どちらが先に手を出したのか」といったポイントだけを聞く。
時には見ていた子どもたちにも確かめることもある。
話を聞いた後「よくわかりました。しかし、けんかは両成敗です」と言う。
「ただ最初に手を出したのはA君が悪い。その点はあやまりなさい」などと言う。こうすると、子どもは素直にあやまる。
ごめんね
ごめんね
やんちゃ坊主が弱い女の子を泣かせる時もある。九十五点対五点ぐらいで男の子が悪い。
それでもあやまらせた後「けんか両成敗」をする。やられた女の子のためだ。「あやまらせる」だけだと、別の時にもっといじめることがあるからだ。
けんか一つおさめるのにもけっこう人間社会の裏文化が大切なんっすね

15 呼び捨てにするウラ

★「オイ！中村、鈴木、こっちにこい！」なんて言ってませんか？

人間である教師が人間である子どもとどのように絆をつくっていくかということが重要になる
その出発点は相手を人間として認めるということだ

身近にこんな教師はいないだろうか
体罰
これはお前のためだ！
よびすて
おい中村鈴木こっちにこい
こんな教師は子どもを人間として認めていないのだきれいごとを言っても駄目だ
相手を自分と同じ人間として認めているかどうかは自分の尊敬する先輩に接するのと同じようにしているかどうかで判断すればよい
尊敬する先輩かあ……
尊敬する先輩をなぐったりよびすてにしたりはしない。
中村くん鈴木さんこちらに来て下さい
相手の人格を認めるなら「くん・さん」をきちんとつけるべきだ。
人間と人間の絆はこうしたところからつくられていく。
木村くん
吉田さん
中村くん
田中さん
教師の子どもへの接し方は子ども同士の接し方にも影響を与えますよね

16 全員と会話をしよう

★１人ぼっちの子は
教師が何とかしないと

人間と人間との絆をつくるのには「会話が」必要だ。
短い言葉でいい。全員の子とするのである。

たとえば……
面白いマンガを教えて
「こち亀」は面白いですよ
へえっー
私は「ブラックジャック」
わたしは「犬夜叉」
会話だけで教室は明るくなっていく。
一人ぼっちの子への配慮も大切ですよね
うちのクラスには一人ぼっちの子はいないっす
そんなはずはないはずだ休み時間に誰と遊んだか聞いてみてごらん
休み時間に一緒に遊んだ友だちの名前を書いてね
一人ぼっちの子どもがいたっす！今まで見えていなかったっす……
一緒に遊びたいっていう友だちがいっぱいいるよ
一人ぼっちの子どもには教師が何とかしなければならないのです

17 成功体験を子どもに

★「漢字、計算、作文」などどの子にも成功体験を与えよう

ある特別少年院で入ってくる子どもの生育歴を調べたところ
顕著な共通性が見られた。

成功体験や成就感を味わったことがないということと
「大人への不信感」だ。
成功体験や成就感を味わわせなかったのは誰の責任だろう？
教師の責任ですね
もしも成功体験や成就感を味わっていたら
その子の人生は変わっていただろう。
子ども一人ひとりの人権を尊重すべきです
とび箱がとべるかとべないかといったことは大きな問題ではないのです
口先だけで人権尊重を言っている教師を私は信用しない
子どもにとってはとべないことは大きな問題っす
授業の中で「漢字」「計算」「作文」などを「どの子にも成功体験を与える」という
教師にしかできない仕事を通して「人権」を語るべきだ。
あなたは自分のクラスの一人ひとりの子どもに「成功体験を味わわせる授業」を「意図的・計画的」に組み立ててきましたか？
………

1 毎時、授業の開始の「礼」

★ちょっと目には
礼儀正しく見える?!
授業開始儀式は×

きをつけ
これから
三時間目の
勉強を
始めます
礼!

こういう
「授業開始の儀式」は
くだらないことでしょ
ぼくも
そう思うんですが…
先輩の先生の中には
次のように言われる方も
多いんですよ
授業は
「礼」に始まり
「礼」に終わる
「授業開始」の
「礼」によって
子どもたちの
集中力は高まるのだ
でも、現実的には
子どもたちは
惰性の動きを
何の緊張感もなく
やっている
だけでしょ
礼!
た・・・たしかに
すぐれた教師は、授業開始から
すべての子どもたちを引き込む。
授業の開始を
どうするか？
誰もが悩み
工夫をし
努力して
きたんだ
授業の
最も大切な
部分への工夫が
欠けていました
授業の開始
「授業開始の儀式」は、
ちょっと見には、礼儀正しく見える。
しかし、
それは
授業が
下手な教師、
勉強を
しない教師、
つまり
教師としての
能力が低い人が
考え出した
方法なのである。
形式的無能力者

●12章　プロ教師なら
「これはしない16ヵ条」

2 一つの内容に45秒以上しゃべる

★授業でしゃべる言葉は
10分の1に削るべし!!

さあ、今日の社会は自動車の生産量の変化のグラフをみんなで見るっす
自動車工業協会のホームページからこんなグラフを見つけたっすすごいっすよ

これがそーで…
だらだら
一番大事なポイントは何かなあ？
説明を聞くだけだからぜんぜん面白くないよ
これではまったく駄目だ一つの内容について四十五秒以上しゃべっては長すぎる
一生懸命に教えるというのは、たくさんの言葉を用意して説明するのではなく、どこまで削って短い言葉で短時間で説明を行えるか、ということだ。
言葉
言葉を十分の一にするべし！
十分の一
グラフを見て気づいたことを五つノートに書きなさい
すっきり
短い指示だと分かりやすいし緊張感があるよねえ
短く説明したり、短く指示できる教師ほど優秀なのである。
授業が下手
逆に説明が長い教師は、授業が下手な証拠なのである。

3 1時間45分を守れない

★「時間延長厳禁！」で緊張感ある授業が実現！

キンコン
カンコーン
さあ最後のまとめでもう一問…

カンコーン
チャイムが鳴ったけどきりが悪いからあと一問だけやってしまいましょう
あーあまた休み時間が減っちゃうよー…
ドッジボールやりたいなあ…
時間延長は
厳禁！
でも子どもたちが分かるまで授業をするのは教師の熱意の表れっす
それが教師の思い上がりだし勘違いだ
四十五分という枠組みがあるから余分なことを省き大切なことを重点的にやろうと展開を色々と考えるわけです。
45分
授業の組み立て
時間延長がOKなら緊張感のない分かりづらいダラダラした授業になってしまうのです。

4 列が出来ても個別指導をする

★授業中の個別指導は自力解決への近道にしよう

授業中の個別指導
ずらっ〜〜
がやがや
うーん
この問題で九九が
まちがってるっす

教室に列を
つくらせてはいけないよ
「二問目あるいは三問目まで
できた人きなさい」と
言うべきだ
二問か
三問っすか？

一問目できた人、と言うと
みんなダーッと解いて
すぐに持ってくる。
先生
できました一
全部できた人、と言うと
マルをつけてもらった子は
席にもどってさわぎだす。
すばやく
マルをつけるぞ
三問の
場合は
三問とも
マルをつける
必要はない。
三問目だけ
マルをつける。
まちがっている子には
×だけ
つける。
あれー
どこで
まちがったのかな
あーっ！
九九で
まちがって
いるんだ
子どもは自力で解決する。
それは大きな喜びだ。
おめでとう
正解っす！
やったー!!
教師は
思いっきり
ほめればよい。
これが教育だ。

5 ほめ言葉は「がんばれ」だけ？

★「辞書をつくる人」のつもりで解説しましょう

国語の授業
「木枯らし」ってどういう意味かな？
秋から冬にかけて吹く強く冷たい風のことです
えーぞーす

このように当たり前のことばを当たり前のことばにおきかえただけの授業では力はつかない
たった一語でも「ことば」をとりあげ、鋭い切り口で授業をするべきだ。
辞書をつくる人のつもりで解説しましょう
青赤
えーっ「色」って解説できるの
難しいけど面白いや！
体育の授業
助走をしっかり！ふみ切りを強くしてがんばれ！
こんな助言をいくら言っても全く役に立たない
教えるにはポイントがある
ポイントをはずした指導は指導にならないのだ
ポイント
私のような教師へのアドバイスをお願いします
教師はつまらない説明へたくそな説明を止めよ！
明確な問と指示で子ども自身に考えさせよ
私の説明ってつまらなくて下手くそだったんですね….

6 シャープペンを使わせて平気？

★「シャープペンぐらいいいじゃないですか！」意見への反論出来る？

すぐれた教師は、勉強のやり方をきちんと教える。
たとえば、ノートに書かせる時は、シャープペンではなく鉛筆を使わせるべきだ。

指先は第二の頭脳といわれる。脳の大部分のエリアは指先の働きと連動しているのである。
漢字を書く時も熟語を覚える時も計算をする時も鉛筆でしっかりと書く。
シャープペンを使ったら学習の効果は著しく低下する。だから普通の教師なら授業中には鉛筆を使わせる。
≡
ポキ
私は転任して六年を担任したことがある。シャープペンを使う子どもが十人もいた。
前の担任の先生はシャープペンはOKでしたよ
………
念のために、五年生の時の漢字の百問テストをした。
あまりにも
ひ……ひどい……
学級の平均点が四十一点……九十点以上の子はわずか一名……十点以下の子が十三名も……
しかも
前の担任の先生の時は漢字ドリルの宿題が山のように出てました
計算ドリルも…
宿題では、学力はつかない。学力は授業でつくのだ。
しかし、まともじゃない親の中には
シャープペンくらいいいじゃないですか！
と、わけ知り顔で、PTAなどにしゃしゃり出て、まくしたてる。
子どもの成長のチャンスをひどい親がつぶしていくのだ

7 自作プリントを使わせる

★自作教材づくりは「この4つの条件」クリアが基本だ！

8 黒板にベタベタ貼る

★「教師の見栄を優先」させる愚は止めよう

黒板もかっこよく飾らなくっちゃ！
学級の今月の目標をでっかく書いて貼っておこう

算数の公式や新しい言葉も貼っておこう
黒板がにぎやかになって見栄えがするなあ
友だちと仲よく
黒板は子どもたちのものだ！
黒板は、右から左まで何もない方がいい。「○月○日」という日付以外はスッキリさせるべきだ。
一人でも多くの子どもたちが答えなどを書いてみんなで検討できるのがいいのである。
一年間に八人ずつ板書できたクラスと四人ずつしか板書できないクラスでは当然大きな差が出るでしょう
たしかに
黒板にベタベタと書き物を貼るのは教師の見栄なのです
教師の見栄
たしかに「見栄」をはってました

9 算数を問題解決でする

★教科書の練習問題はすべて宿題でーす

10 教科書を使わない

★宿題を出してくれる先生が熱心な先生?!

算数の学力低下の問題はこのまちがった「問題解決学習」にあるといってもよい
まちがった
問題解決学習

ところが、この方法をすすめる校長や指導主事がいる。
計算問題はできなくてもいいのです「考える力」こそが大切なのです
などと公言するものもいる。
また、彼らの中には教科書とノートを使って指導している教師に対して
教科書を使うのはあまりいいことじゃないよ自分で工夫しなくちゃ
と指導するものもいる。
自分の子どものノートを見ると、担任の力量が分かる。
ノートはほとんど使わないの?
授業中はプリントを使うんだよ
「ノートをほとんど使っていない」ということなら、まちがった問題解決学習の場合が多い。
「計算練習」の宿題が多いというのも危険だ。学校で、計算練習をしないから宿題に出すのだ。
毎日毎日計算ドリル…算数なんて大キライ!
すぐれた教師なら、授業中にすべてを終わらせるから宿題を出す必要はないのである。
できたら先生にノートを持ってきなさい
うちの担任は宿題を出してくれる熱心な先生なんだわ
こうした思い込みがひどい授業をはびこらせる原因でもある

11 教科書より自作プリント

★あなたは教科書をきちんと教えられますか？

算数の自作プリントを いっぱいつくったっす
パソコンを 使わずに わざと「手書き」で やっているから 心がこもっている ように見えるっす

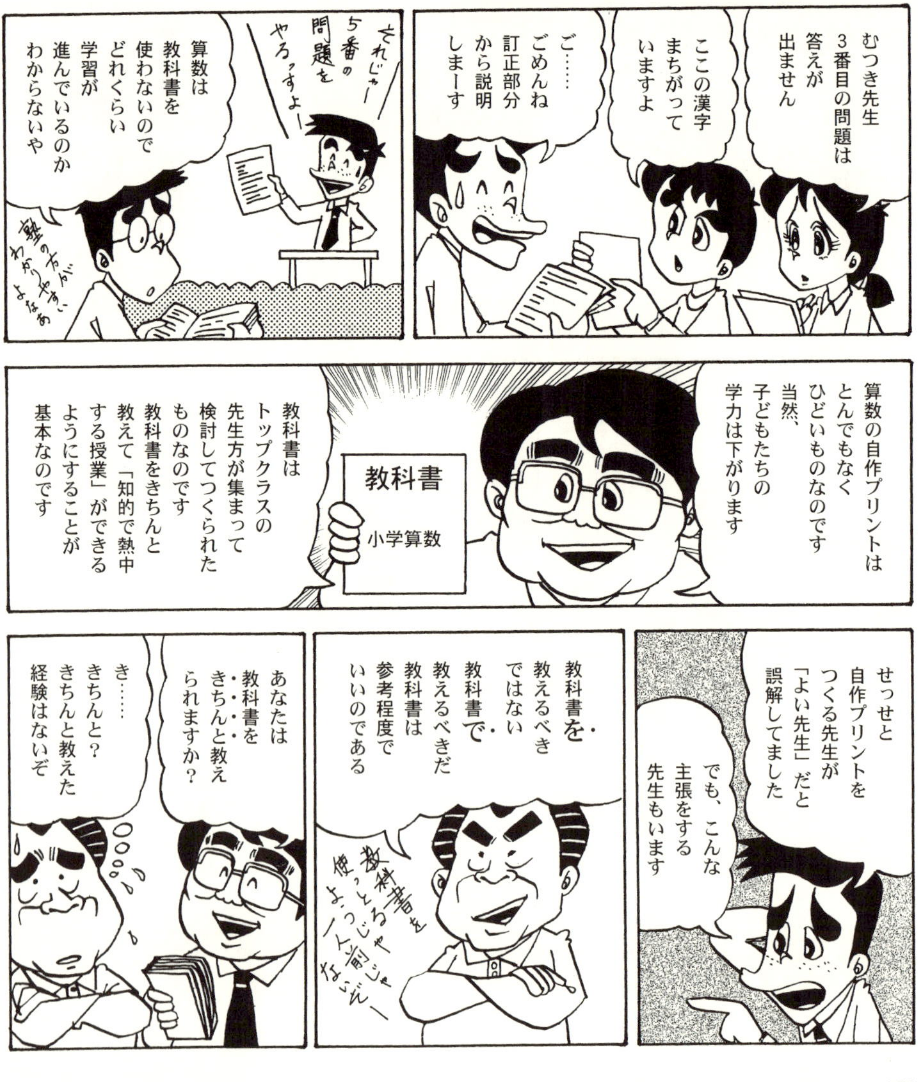
むつき先生 3番目の問題は 答えが 出ません
ここの漢字 まちがって いますよ
ご…… ごめんね 訂正部分 から説明 しまーす
それじゃー 5番の 問題を やろっすよー
算数は 教科書を 使わないので どれくらい 学習が 進んでいるのか わからないや
塾の方が わかりやすい よなあ
算数の自作プリントは とんでもなく ひどいものなのです 当然、 子どもたちの 学力は下がります
教科書
小学算数
教科書は トップクラスの 先生方が集まって 検討してつくられた ものなのです 教科書をきちんと 教えて「知的で熱中 する授業」ができる ようにすることが 基本なのです
せっせと 自作プリントを つくる先生が 「よい先生」だと 誤解してました
でも、こんな 主張をする 先生もいます
教科書を 教えるべき ではない 教科書で 教えるべきだ 教科書は 参考程度で いいのである
教科書を 使ってるようじゃ 一人前じゃ ないぞー
あなたは 教科書を きちんと教え られますか？
き…… きちんと？ きちんと教えた 経験はないぞ

12 写しちゃダメという

★友だちのやった
正しい答えをノートに
写させよう

算数の時間
ぼくだけ ちっとも 分からないや……

友だちの答えを 写しちゃ駄目だ 自分の力で 考えるっすよ！
うー 算数なんか きらいだあ…
自分で 考えなさいと 言ったって それができるなら 苦労はないでしょ 分からないから 悩んでいるんだ
たしかに そうっすね……
友だちの正しい答えを 写していいから書きなさい 写すのも勉強のうちだ
と言うと 子どもは 必死に なって 写す。
先生 写した答えに マルをつけてもいいですか？
いいよ マルをつけて ごらんなさい
駄目な先生は こう主張する。
自分で やらなきゃ 実力はつかんでしょ
しかし 友だちのやった 正しい答えを ノートに 写させていくと その子は 勉強ができる ように なっていくのだ。
60
70点
60点
50点
40点
30点
20点
10
……

13 よく出来ましたオンリー

★ほめ方・ほめ言葉をバージョンアップしていこう！

音読指導について質問があります
子どもが意欲的に音読できるようになるためにはどうしたらいいのでしょうか？

国語の新しい単元に入ったら題名の横に、ちっちゃな○をずっと書かせるんです。
わらぐつの中の神様
「一回最後まで読んだら、その○を赤くぬりなさい」と言うのです。
学校で読んでも家で読んでも一回読めば一つ○をぬります。そして、次の時間にほめるのです。
すごいなあ○が三つもついているぞ
家でも読んだの？えらい！
おそろしくシンプルだけど効果的ですねえ
そうよいものはシンプルで分かりやすい
私のクラスではリレー読みとか交替読みとか色々やっているんですけど子どもがのってこないんですよ
教室は明るいですか？よいことをどのようにほめますか？
それほどオーバーにはほめません
よくできました
この程度だと思いますが……
これはほめ方が悪いんだ教師はほめ言葉をあまり言っていないものだ
うまいなあ！すごいよ！
前田くんいいぞ！
ほめて励まし続けることが大事なのだ。

14 こんな赤ペンを入れる

★１つの文でも５通りのほめ方が出来ないと失格!!

今回はこの作文に赤ペンを入れてみよう
今日は、待ちに待った運動会です。
たった一文だけですか……

「そうですね」っていう相づちを入れます
書いても時間のムダ〇点
「書き出しを工夫しましょう」というアドバイスを入れます
子どもは変わらないマイナス五〇点
赤ペンの極意はほめることだ
教えることは授業でやるべきだ
赤ペンの極意
ほめること
「とても上手な書き出しです」というふうに書くんですか？
それではウソになってしまうどこがいいのかをほめるんだ
たとえばこういう感じだ
芳子さん運動会を待っていたという様子がよく伝わってくる文ですよ。文字の書き方も正確でした。
名前も入っているしうれしいでしょうね
お母さん先生が私の作文に赤ペンで書いてくれたよ
あらたくさんほめてあるわね
作文って面白いなぁわたし、作文が得意なんだ
もっと書きたいなぁ
その子のよさを見つけてほめることが赤ペンの極意なのです一つの文でも五通りのほめ方ができないと教師は失格なのです

15 ミニ定規を使わせない

★うっかりミス激減の秘策はやっぱり「ミニ定規活用」がよいのだ！

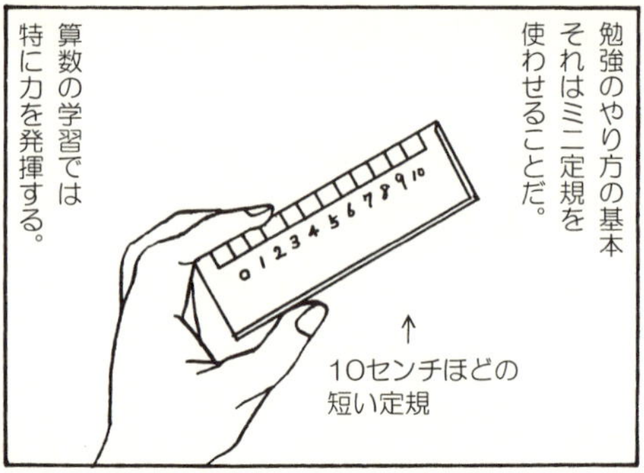
勉強のやり方の基本
それはミニ定規を
使わせることだ。
0 1 2 3 4 5 6 7 8 9 10
10センチほどの
短い定規
算数の学習では
特に力を発揮する。

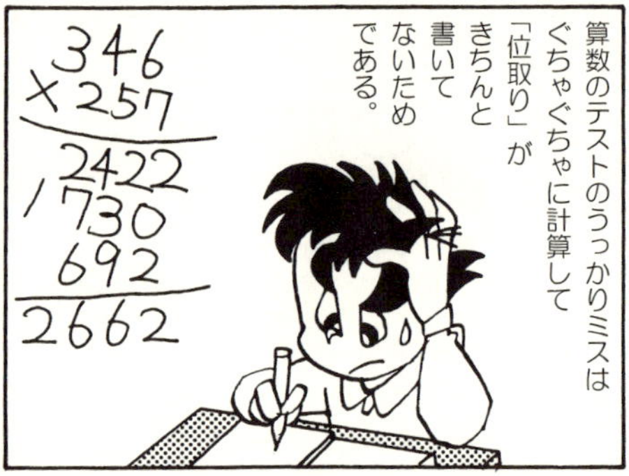
算数のテストのうっかりミスは
ぐちゃぐちゃに計算して
「位取り」が
きちんと
書いて
ないため
である。
346
×257
2422
1730
692
2662

ミニ定規を使うと
うっかりミスは激減する。
「位取り」がきちんと
するからである。
ノートも
きれいに
なる。
346
×257
2422
1730
692
88922

へー
そんなに
ちがうもの
なの
ですか？
百点満点の
テストで
十点は
向上する

ただし、
ミニ定規を使いこなすには、
半年、一年とかかる。
しかし、
使い慣れると
プラス、マイナスの
記号もミニ定規で
書けるようになる。

だから、五十年も昔から
附属小学校、有名私立小学校の
一部は、ミニ定規を使わせてきた。
教師の
プロ
だけが
知っている
「かくし技」
であったのだ。

教養のある親には、ミニ定規を
使った経験のある人が
多い。
だから、
自分の
子どもにも
ミニ定規を
使わせるのに
積極的なのである。

●12章　プロ教師なら
「これはしない16ヵ条」

16 最初から「グイ」と引き込むワザ

★3分間でシーンと熱中する状態にするワザ

授業の最初の三分間を見れば、その教師の力が分かる。力のない教師は、言葉が多い。
教科書を出して
おしゃべりをやめなさい
ノートを開きなさい
ぺらぺら
授業の最初から「ぐい」と引き込むべきである。たとえば……。

ノートに円を書きなさい
?
十秒後
円に一本線を入れて円を分けなさい
五秒後
いくつに分けられましたか？
二つに分けられます
すごいよくできたね
それでは円に二本線を入れなさい
十秒後
三つに分けられます
そうだね他の答えはありませんか？
四つに分かれました……
どう線を入れたのですか？
えぇー
十字形にしたのです
すごい！えらい！天才だ！ダブルAをつけよう
なるほどすごーい
それでは四本線を入れなさい
シーン
一分間で子どもを学習活動にひきずり込み三分間でシーンと熱中する状態にしてるっす
すごいっす……

17 児童発表と同時進行で作業ワザ

★夏休み子どもの作品評価の裏ワザ

夏休みが終わると子どもたちが作品をたくさん持ってくる。
工作です貯金箱作りました
自由研究をしてきました

その作品は廊下などに展示される。
夏休み作品展
九月の終わり頃になって処理をする教師が多い。
めんどうだからハンコでいいや
ガチャン
「見ました」のハンコ
中には忘れる教師もいる。
私はこんな仕事の仕方はしません
はあ？……
九月になって二日か三日目、作品発表会を行う。
私は貯金箱の中身が見えるように工夫をしました
それはすばらしい！
子どもの発表を見ながらその場で教師が感想を書く。
太いペンでいっぱいに書く
中身が見える工夫がしてあって大変すばらしい作品しあがっています
子どもが発表している間に自動的にできあがるのだ。
それを一緒に張り出すとよい。
保護者にも評判がよい。
先生はちゃんと見てくれているな
仕事ってこんなふうにやるんですねえ……
このつづきは次回だ

18 その場1分で礼状を書くワザ

★地域の人からの信頼を獲得する教師の行為行動とは

夏休み明けの作品発表会には
このようなものもある。
この
竹の貯金箱は
公民館の
池田さんという
おじいさんに
教えて
もらいました

池田さんに
教えて
もらって
よかったね
地域の人に
お世話になった
場合である。
まちがいなく、その場で礼状を
書かなくては
駄目だ。
一分で
できる。
池田様
私は池雪小学校で
四年生を
担任している向山です。
このたび
児童の鈴木美子が大変
お世話になりました。
おかげで
大変立派な作品が
できました。
ありがとうございました。
今後とも
よろしくお願いします。
その手紙を持って
子どもがお礼に行く。
池田さん
先日は
ありがとう
ございました
これは担任の
先生からの
お手紙です
この先生は
子どものことを
ちゃんと見て下さって
いるんだなあ
こうやって
きちんと
礼状を
くださるとは
たった一分
礼状を書くという
ごくごくそれだけの話です
お世話になった方へ
お礼を述べるという
肝心かなめのことを
やらないで……
どうでも
いいことを
延々とやる
教師が
いるのです
長い帰りの会
時間を
延長した
授業
長い説明
自作
プリント
やっていそう…

あとがき

ある学会での出来事です。

一人の大学生が「教育技術の法則化運動」（以下、法則化運動）についての研究報告をしました。発表内容は法則化運動の概要をまとめたものだったのですが、若い人たちにとっては生まれる前の教育運動であり、すでに「歴史」となっているのだということを私は実感しました。

法則化運動は一九八四年に向山洋一先生によって創始され二〇〇〇年に解散した運動です。

その趣旨は、それぞれの教師がもつすぐれた教育技術を全国から集め、検討し、修正しすべての教師の共有財産にしていこうというものでした。

法則化運動の基本理念は以下の四つです。

一　教育技術はさまざまである。出来るだけ多くの方法を取り上げる。（多様性の原則）
二　完成された教育技術は存在しない。常に検討・修正の対象とされる。（連続性の原則）
三　主張は教材・発問・指示・留意点・結果を明示した記録を根拠とする。（実証性の原則）
四　多くの技術から、自分の学級に適した方法を選択するのは教師自身である。（主体性の原則）

この理念に賛同した多くの教師によって、地域ごとにサークルや研究会が組織され全国に広がっていきました。

このような運動に対しては、賛成する教師もいれば反対する教師もいました。その功罪についての特集を組む雑誌なども登場したりして、教育界で非常に注目された運動であったことには間違いないでしょう。その意味では、賛成も反対もひっくるめた教育運動であったのです。

私自身も、この運動に賛同してサークルを立ち上げ、自らの授業力を向上させるための活動を行いました。活動に参加するためには、まず自分の授業の発問や指示、子どもたちの反応を端的に記述した「法則化論文」というものを作成し、それをサークルや地域の研究会に持ち込んで検討していきます。その中でもすぐれた教育技術は、法則化シリーズとして書籍として刊行されていきました。特にすぐれた教育実践を生み出せる力量のある教師は単著のライターとなっていきました。このようにして、全国に点在する教育技術が多くの教師の間で広がるシステムが確立していったのです。

特に自らの教師としての力量を高めたいと考える熱心な教師には、大きな影響を与えた運動であったといっても過言ではないでしょう。

このように法則化運動は、全国の教師がすぐれた教育技術を共有財産化するための運動だったのですが、一方では「法則化論文」を書くことによって、自らの授業を振り返るという教師修業の方法を助長した運動でもありました。

自分の授業の発問や指示、子どもたちの反応を記録するためには、授業後にそれを振り返らなくてはなりません。また、記録に残したものを報告するためには、先行実践を読んだり、教材研究を念入りに行ったりしなくてはなりません。私は、学校から帰るとすぐに夕食・入浴をすませて、授業記録を作成することに没頭しました。

このような地道な授業の振り返りは、「このようにするべきだった」「次はこうしよう」といった自らの授業の課題と改善策を明らかにしていくものです。

組織学者のドナルド・ショーンは、このような自己改善のために実践家が「振り返る」ことの重要性を指摘しています。この「振り返り」のことをリフレクション（reflection）といい、日本語では「省察」と訳されます。そして、省察を繰り返しながら成長していく実践家を「反省的実践家（reflective practioner）」と呼んだのです。

そう考えると、当時の法則化運動に参加した教師の中には、人が考えた教育技術を単に追試していくだけの教師修業を行う者と、それにとどまらず自らの授業の省察を繰り返す教師修業を行う者が存在していたように思えます。

前者を習得型教師修業、後者を省察型教師修業と呼ぶとすれば、習得型教師修業では、ある一定のレベルに達すると、自分の授業に安住してしまう危険性があります。そこで成長が止まってしまうのです。一方、省察型教師修業では、検討・修正の対象が自分の授業ですから、常に自分の授業の課題と改善策を明らかにし「学び続ける」ことになります。

現在の学校教育は、既存の教育技術を「適用」すればすべて解決するような単純なものばかりではありません。社会も子どもたちも保護者も変化しています。学校で教える内容もより多くなり複雑化してきています。現代の教師には、自己改善のために学び続けるための省察型教師修業が求められているのだと言えるのではないでしょうか。

本書は向山洋一先生の主張を私が漫画にしていったものですが、読み返してみれば、「省察」の必要性が随所に示されています。

本書の読者には、どうかこの本を読んで「学んだ気」になるのではなく、省察型教師修業ができる教師になってほしいと願っています。

最後になりましたが、教師修業の道筋を示してくださった向山洋一先生と復刻版を企画していただいた樋口雅子編集長に心から感謝の意を表します。

二〇一六年　九月七日

前田　康裕

◎著者紹介

向山洋一（むこうやま　よういち）

東京都生まれ。1968 年東京学芸大学卒業後、東京都大田区立小学校の教師となり、2000 年 3 月に退職。全国の優れた教育技術を集め、教師の共有財産にする「教育技術法則化運動」（TOSS）をはじめ、現在もその代表を務め、日本の教育界に多大な影響を与えている。
日本教育技術学会会長

画：前田菜摘

前田康裕（まえだ　やすひろ）

1962 年、熊本県生まれ。熊本大学教育学部美術科卒業。
岐阜大学教育学部大学院教育学研究科修了。公立小中学校教諭、熊本大学教育学部附属小学校教諭、熊本市教育センター指導主事、熊本市向山小学校教頭を経て 2017 年 4 月より熊本大学教職大学院准教授。

まんがで知る　授業の法則

2016年11月 1 日　初版発行
2018年 9 月 5 日　第 2 版発行

著　者　向山洋一・前田康裕
まんが　前田康裕
発行者　小島直人

発行所　株式会社学芸みらい社
〒 162-0833 東京都新宿区箪笥町 31 箪笥町 SK ビル
電話番号 03-5227-1266
http://gakugeimirai.jp/
E-mail：info@gakugeimirai.jp
印刷所・製本所　藤原印刷株式会社
ブックデザイン　荒木香樹
カバーイラスト　前田康裕
落丁・乱丁は弊社宛にお送りください。送料弊社負担でお取替えいたします。

ISBN978-4-908637-28-5 C3037